本当の自分を知る本

不安、迷い、執着から解放され、
自由自在に生きる
たったひとつの方法

AMY
OKUDAIRA
奥平亜美衣 著

SB Creative

PROLOGUE

９年前にブログを始めてから今まで、私は、引き寄せの法則、つまり、「自分の心、気分、波動と同調するものを現実に引き寄せる」ということをブログや著書で伝えてきました。そして、私自身、自分の心を整え、自分の気分や波動をコントロールしていくことにより、自分自身の現実は劇的に変化し、私の人生は一変しました。

その経験から、目の前の現実はすべて自分の心の反映であること、そして、さらに気づきが進むと、すべては自分の中で起こっていることなのだということが実感としてわかるようになりました。

そんな時、私はあるきっかけで、「自分とは宇宙すべてだった」ということを思い出したのです。「私」という存在は、個の人間ではなくすべてだったということを。

それは、目の前の現実だけではなく、宇宙すべてを内包するものだったということを。

そして、宇宙を生み出したのは自分であり、自分とは無であり、無限なのだ、ということを。

そして、そのことを知るために、何度も生まれ変わるのだと。

私はすべてを思い出したのです。そして私は、それを忘れていたけど、最初から知っていました。

そしてそれは、本当は誰もが知っていることであり、それを思い出すということが、すべての人の奥底に眠っている、共通する望みなのです。

本書では、「自分」という存在の本質に迫ります。

私自身、自分という存在の本質、「本当の自分」とは何かを思い出して以降、量子力学の本や論文もよく読むようになりましたが、そこで語られていることは、スピリチュアルの世界でよく語られる「すべてはひとつ」や、「すべては同時に起こっている」といった言葉と同じことを指すであろうと思われることがたくさんありました。

さらに、本書では量子力学コーチの高橋宏和先生のお力もお借りして、科学的な視点からも解説することにより、自分という存在がどういうものなのか、世界はどのような仕組みになっているのか、それはスピリチュアルなおとぎ話ではなく、現実的なことなのだということがわかるようにお伝えしていきたいと思っています。

あなたは、あなたの本当の姿を知るために、この物質世界に生まれてきました。

本書を読み終える頃、あなたは、今までとは違った自分に出会えるでしょう。そして、世界も今までとは違って見えるでしょう。

その中で、新たに、もっと自由に、もっと思いのままに、生きていけるようになるのです。

2021年9月

Amy Okudaira 奥平亜美衣

CONTENTS

CHAPTER 2

個としての自分と全体としての自分

CHAPTER 3

仮想現実と自我からの解放

CHAPTER 4

宇宙が生まれた秘密

あなたの正体と あるひとつの物語

ONE STORY

遠い遠い昔、地球のすべての浜辺の砂の数ほどの日数を遡った遠い昔、「あなたというひとつの心」は、あなたの中にひとつのストーリーを生み出しました。

なぜなら、あなたは自分のことが知りたいと思ったからです。

あなたは形のない心であり、それひとつしかなく、何も見えず、何も聞こえず、何も感じなかったので、自分自身を認識するすべを持っていませんでした。
そこで、自分自身の心の中身を立体映像化してみて、自分を認識することにしたのです。

その時、あなたの心の中にはたくさんの人がいました。
そして、その人たちが生活する空間、社会、惑星、その惑星が存在する宇宙がありました。
そしてそのすべてを映し出したのです。
その時、さまざまな経験をするための時間も生まれました。

そうして、仮想現実が生まれたのです。

その中に登場する人物、動物、植物、もの、山、川、岩、すべてはあなたでした。

その中には、いい人もいれば悪い人もいました。
いいことも起これば、悪いことも起こりました。
なぜなら、あなたは完全であり、あなたの中にないものなど何もなかったからです。

そして、あなたはその中の一人として、そのストーリーの中に潜り込んでみることにしたのでした。

あなたは、一人の人間として、ありとあらゆることを経験しました。
ある時はお金持ちに、ある時は貧しく、ある時は支配者に、ある時は支配され、ある時は女性に、ある時は男性に、ある時は教師に、ある時は生徒に。
あなたの中にすべてがあったので、あなたはどんなものにでもなることができました。
そして、あなたが本当に望むことならば、なんでも叶えることができました。

あなたは、あなたが形のない永遠の心であり、すべてがあなた自身であるということを忘れて、仮想現実の中の役柄にのめり込んでいきました。
そして、その仮想現実のストーリーの中で肉体が死んでも、そのことを思い出さずに、何度も何度も輪廻転生したのでした。

生まれることも死ぬこともない永遠のあなたは、一人の人間として生まれ、死を経験するゲームを果てしなく繰り返したのです。

ある時、あなたは、またストーリーをつくりたいという望みを持ち、ある高度な文明の中に転生しました。
その文明の中では、仮想現実を生み出す技術がすでに確立されていました。
そこであなたは、また仮想現実をつくったのです。

また、ストーリーをつくり、その中には、いい人も、悪い人も、いいことも、悪いこともすべてがありました。
仮想現実の中に仮想現実が生まれたのです。

その中でまた、仮想現実をつくるものが現れました。
またその中でも、仮想現実をつくるものが現れました。

そうして、「あなたという心」の中には、何重にも仮想現実が生み出されていきました。

ある時、ある仮想現実がありました。
それは、すでに科学が発達した高度な文明に達しており、地球から見ると宇宙に存在していました。
その仮想現実の中の一人が、「地球物語」というストーリーをつくろうと思いました。
そして、地球を舞台に、自分を神とした物語をつくったのです。
その中でもたくさんの人たちが生まれ、死んでいきました。

そして、その仮想現実の中で生まれた人間の一人が、あなたです。

あなたは、仮想現実に生み出された人間のふりをしている「ひとつの心」なのです。

仮想現実を生きる

LIVE IN VIRTUAL REALITY

世界とは何でしょうか？
現実とは何でしょうか？
私たちは、実在しているのでしょうか？
当たり前にあると思っているものは、
本当にあるのでしょうか？

CHAPTER 1

LIVE IN VIRTUAL REALITY

この世界は仮想現実？

今、何が見えていますか？
皆さん、この本を見ていると思いますが、本の他にも、部屋の中の机や椅子、コーヒーの入ったカップやその他たくさんのものが見えるでしょう。
しかし、この本もあるように見えるだけで、実は存在していないとしたらどうでしょう？

例えば、普段私たちが観ている映画は、昔だったらフィルム、今ならデジタルメディアに記録された「情報」や「データ」をスクリーン上に投影したものですよね。
映画そのものに映し出された世界は本当に存在するのではなく創作されたもので、実体はあくまでも記録メディアのほうにあることを私たちは知っています。
それと同じように、私たちの生きているこの世界は、実体である「情報」「データ」から映し出された立体の映像世界だとしたら？

もし、宇宙のどこかに科学が高度に発達した文明に住む人々がいて、私たちが小説や漫画を書くように、あるいは、ゲームをつくるように、仮想の惑星や時間と空間をつくってしまえるとしたら？　そして、私たちはその中に生きているとしたら？
それは不可能である、とは言い切れないでしょう。

驚異的に進歩したスーパーコンピューターならば、人類の営みのシミュレーションが可能であるという論文を発表した学者も存在します。
ちなみに、この理論では、すべての人類と我々の物理的な宇宙は、巨大なスーパーコンピューターのハードドライブに収められた、単なるデータの断片にすぎないというのです。
そして、**最先端の量子力学では、「物質を構成している量子とは情報である」ことがわかっています。**

もしかすると、映画『マトリックス』のように、ここはコンピューターで管理された世界で、私たちは仮想人間で、仮想世界に住んでいるのかもしれません。
もしかすると、映画『トゥルーマン・ショー』のように、ここは誰かがつくった世界で、私たちはそれに気づかずに生きているだけかもしれません。
または、私たちは、『スーパーマリオ』のようなゲームの世界に紛れ込んだ、登場人物たちかもしれないのです。

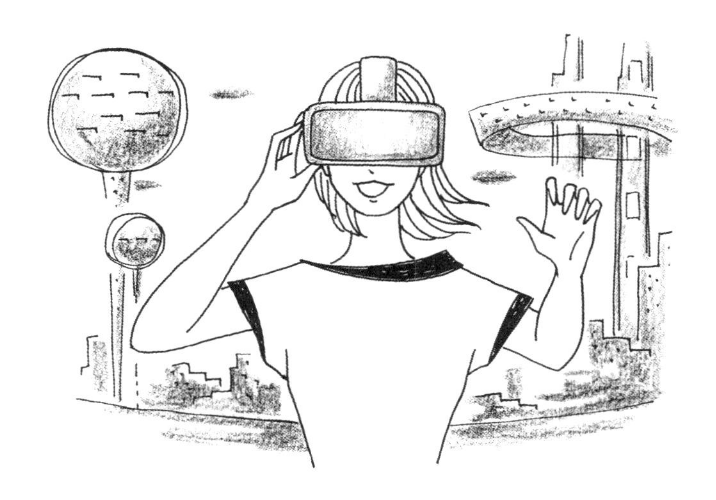

この世界が仮想現実である理由

解説：**高橋宏和**

この世界が仮想現実かもしれない、コンピューターがつくり出したシミュレーションの世界なのかもしれないということについては、オックスフォード大学の哲学者ニック・ボストロム博士、コロンビア大学の天文学者デビッド・キッピング博士など、世界各地の研究者が研究の対象としています。

この世界は実体がない仮想現実かもしれないと考えられる理由はいくつかあります。

ひとつ目は、すべての物質は原子でできていますが、原子の中心には原子核があり、原子核のまわりには電子がぐるぐると運動しています。原子核の周囲を運動している電子の範囲を原子の大きさだとすると、水素原子の大きさは 10^{-10}m 程度。さらに水素の原子核の大きさは 10^{-15} m程度です。これは原子の大きさが東京ドームぐらいの大きさだとしたら、原子核の大きさはパチンコ玉くらいの大きさであり、原子は原子核を除いた99.9%は空洞であり、スカスカであるということです。

ですので、**誰もが物質というものはあるように思っているけれど、本当はほとんど何もない空洞なのです。つまり、実体がないものということ**です。

そして、原子核は陽子と中性子で構成されており、さらに陽子と中性子はそれぞれ3つのクォークと呼ばれる素粒子から成り立っていることがわかっています。素粒子というのは、すべての物質の最小単位のことです。

物理学でもっとも美しい実験のひとつとして有名な、トーマス・ヤング博士の二重スリット実験（P.28参照）というのがあります。この実験では素粒子は、誰も観測していないところでは波の性質、波動性を示し、カメラなどの測定装置で誰かに観測されると粒子の性質になります（これを観測問題という）。ですが、なぜそういうことが起こるのかということです。

例えば、この世界はゲームの世界だと仮定し、あなたがゲームの中の主人公だとします。すると、あなたが見ているすべての世界（もの、景色、環境など）、見ていない世界も全部、ゲームをつくるために画像処理をするとなると、計算が膨大な量になってしまいます。

ですので、**今、観測しているところのみ粒子の性質で、見ていないところは波のあいまいな状態にしたほうが、計算がしやすい**のです。圧倒的に計算が速くなるからです。

例えば、今見えているところ、この世界のここだけが観測できればいいので、その他の世界は全部バーチャルというか波のようにしておく。ゲームの世界も主人公が見ている世界だけちゃんと見えていればいいので、それ以外は波の状態にしておけば、本当にリアルなゲームをつくるゲームのクリエーターの立場からすると、ラクだからそうなっていると考えられるのです。

また次に、この地球上では、光のスピードが約30万km/sであることも不思議なのです。

それがゲームの世界でいうと、パラメータ（コンピューターで、プログラムを実行する際に設定する指示事項）である可能性があります。

私たちが住んでいる世界では、光速が約30万km/sだと設定がしてあり、そこに近づけば近づくほど、つまり動きが速くなればなるほど時間が遅れる、時間の流れがゆっくりになってしまうのですが、それは、この仮想現実ゲームの世界の処理が追いつかなくなってくるからだと考えられます。あまりにもプレーヤーがすごいスピードで動くと処理が追いつかず、ゲームがバグってフリーズしてしまうのです。

このゲームの処理速度が速い、もっと違う世界の宇宙が存在する可能性もあります。この宇宙では物体の最大速度は秒速約30万km/sというゲームの設定がしてあって、それはひとつのゲームの世界であり、別のパラレルワールドの宇宙では、もしかしたら約100万km/sの光のスピードの世界もあるかもしれないのです。

私たちが住んでいる宇宙では、重力加速度が約$9.8m/s^2$とか、光速が約30万km/sなど、定数が決まっているのですが、その定数は、この宇宙における定数、パラメータなのです。

ゲームのクリエーターがそのような設定をして、それで調整しているため、私たちの住んでいる宇宙ではこれが一番ちょうど都合がいいようになっているのかもしれません。

また、私たちに今見えているものは、物体に当たる光が反射し、その光の粒子である光子（フォトン）が目に入って、虹彩で光が調節され、網膜に当たり、その光が視神経を通じて信号として脳に伝達され、その像を認識しているだけなのです。

そしてその光子は実はすごいスピードで点滅している、ついたり消えたりしているのです。それがあまりにも速いので、連続にしか見えないのです。

例えば、ブラウン管や液晶テレビも同じように電子やLEDが点滅しています。その点滅スピードが人間ではあまりにも速過ぎて見えないので、映像は映画もテレビも連続に見えますが、本当は点滅しているだけなのです。

このことからも、**私たちはこの世界で物質を、実体のあるものを認識しているように感じますが、もしかしたらこの世界がテレビや映画のように立体映像の仮想現実の世界だということが考えられる**のです。

今後も、量子コンピューター技術、人工知能などのAI技術、バーチャルリアリティー技術が発展していくといわれていますが、このような技術が発展した未来の人類は何をするか想像できるでしょうか？　もしかしたら、量子コンピューター、AIとVR技術を駆使してあらゆる可能性の宇宙をシミュレーションして、いろいろな可能性の宇宙をつくっていくのではないかと思います。

それはある意味、ゲームのような世界。

このように、技術がどんどん発展してくると、どこまでが現実でどこまでが仮想なのか、現実と仮想の境目がなくなってしまい、現実世界があまりにリアルな仮想現実の世界となる可能性があるということも、十分に考えられるのです。

量子コンピューター

CHAPTER 1

Live in Virtual reality

この世界を素粒子メガネで見てみると？

すべての物質は、固体であれ、気体であれ、液体であれ、分子からなり、分子は原子からなっているというのは、皆さんご存じの通りだと思います。
原子はさらに、原子核と電子から構成され、原子核は陽子と中性子から構成されています。
最近では、陽子や中性子もクォークというもっと小さな素粒子からできていることまで解明されてきました。
そして、それらの総称が量子です。

また、物質というのは、99.9%空洞だということを聞いたことのある人も多いかもしれません。実際、物質を構成する原子の中は99.9%空洞なのです（P.16参照）。しかし、その物質、そしてそれを構成する原子が「ある」ように見えるのは、電子が高速で動いているから。
扇風機が高速で回っている時は、円盤のように見えますし、自転車の車輪も回っている時は円盤のように見えますよね。

そして、空洞である私たちの身体と、他の物質が混じり合わないのは、電磁気力という、磁石の同じ極が反発するのと同じような力が働いているからです。
このように、**物質世界というのは、小さな粒子に電磁気力などの力が加わって、あるように見えている**のです。

つまり、そもそもすべては素粒子だということ。
自分の身体も、あの人の身体も、目の前にあるパソコンも、パソコンが置いてある机も、座っている椅子も、今いる部屋のある建物も、みんな、**そもそもは素粒子だということ**です。

今、私たちの目からは物質が存在するように見えますが、ではもし、この世界を、素粒子しか見えないメガネで見てみたらどうなるでしょう？　ちょっと想像してみてください。
そうしたら、そこではすべてが混じり合って、何も見えず、ただ、何もない世界があるでしょう。

スピリチュアルで言われる、「すべてはひとつ」や「ワンネス」とは、このことなのです。
本来、私たちは人間であれ動物であれ植物であれ、鉱物であれ何であれ、区切りはありません。
区切りがあるように見えているだけ、なのです。

そして、すべてのものの素材は同じだということです。
幸せな人も、怒っている人も、いい人も、悪い人も、あなたも、あなた以外の人も、人以外のものもすべて、同じものからできているのです。
あの素晴らしい人と自分が同じなんて信じられない、とか、逆に、あの人と自分が同じなんて嫌だ、と思うかもしれません。
しかし、突き詰めて考え、冷静に見つめれば、あなたとあなた以外のすべてのものが違う、ということはあり得ないのです。

宇宙を構成する 17 の素粒子と、4 つの力

解説：高橋宏和

宇宙に存在するあらゆる物理的存在は、以下の 17 の素粒子によって構成されているといわれています。

その 17 種類の素粒子とは、アップクォーク、チャームクォーク、トップクォーク、ダウンクォーク、ストレンジクォーク、ボトムクォーク、電子、ミュー粒子、タウ粒子、電子ニュートリノ、ミューニュートリノ、タウニュートリノ、光子、W ボソン、Z ボソン、グルーオン、そしてヒッグス粒子です。

世界の究極の構成単位であるこれらの 17 の素粒子は、それぞれの粒子が持つ性質と機能にしたがって、大きく分けて、力の媒介粒子であるボソンと物質粒子であるフェルミオンという 2 つのグループに分類されます。

フェルミオンが具体的な物質を構成するのに対して、ボソンが電磁力や核力といったさまざまな力を伝達するという一種の役割分担のような関係があり、こうしたボソンとフェルミオンの相互関係において、宇宙全体の物理的秩序が成り立っていると考えられるのです。

物質を構成する素粒子のグループであるフェルミオンは、さらにクォークとレプトンという 2 つに分類されます。

クォークが、陽子や中性子といった比較的質量の大きい複合粒子を構成する素粒子に分類されるのに対して、レプトンは、電子などの比較的質量が小さい粒子やニュートリノといった質量がほとんどゼロに

近い粒子に分類されることになります。

レプトンとクォークが組み合わさると、原子核の陽子と中性子が出来上がります。つまり、レプトンとクォークがすべての物質を構成しているということです。

また、**宇宙には「電磁気力」「重力」「強い相互作用」「弱い相互作用」の４つの基本相互作用があります。**

宇宙がゲーム盤、粒子がコマだとすると、基本相互作用とは、ゲームのルールです。この４つの力によって、粒子の働きや、粒子がどのように動くのかが決まります。

宇宙で起こっている現象は、標準理論によると12種類の物質粒子が４つの力の媒介粒子で動いていることがわかっています。

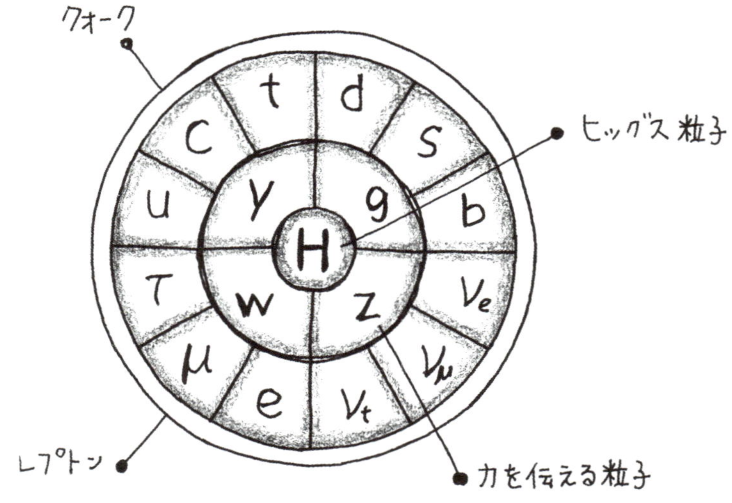

17の素粒子

CHAPTER 1

LIVE IN VIRTUAL REALITY

エネルギー＝物質

私自身、理系科目（特に物理）はとても苦手で、高校生の時におさらばしたというタイプなのですが、文系で科学的なこととは全く無縁で育った人も、アインシュタインの名前くらいは知っていると思います。

そして、アインシュタインの一番有名な公式といえば……。

「$E = mc^2$」

この公式も、意味はわからなくとも見たことはあるという人が多いと思います。

私も、見たことはあれ、全く意味はわかっていなかったのですが、結局のところこの公式は、**エネルギーと質量の等価性を表したもの**であり、エネルギーと物質は同じことだよ、ということです。

つまり、私たちの身体も、スマホも、コップも、コーヒーも、花も鳥も、すべてはエネルギー。
この世のすべてのものは、エネルギーでもあり、物質でもあるということです。
自分の本心、そして出している波動と同じものを引き寄せますよ、というのが引き寄せの法則ですが、つまり、この公式が引き寄せの法則を表しているといえますし、この世の真実を表しているといえます。
そして、アインシュタインの時代に、光は波であり粒である、といわれ始めましたが、物質を構成する分子、原子、電子などすべての量子は波であると同時に粒である、という実験結果が二重スリット実験（P.28 参照）によってわかっています。
そしてそれは、人間が観測していない時は波で、人間が観測している時は点（粒）であると解釈されています。
つまり、あなたが物質に影響を与えているということです。
また、その性質は、量子だけでなく、目に見える物質も同じ性質を持っているのです。

アインシュタインの「$E = mc^2$」

解説：高橋宏和

「$E=mc^2$」は、アインシュタインが特殊相対性理論から導いた、世界で一番有名な式です。

これは、エネルギーは物質の質量×光の速度の２乗ということを表しています。

質量があるものは全部この公式でエネルギーを計算することができます。

また、この公式から言えることは、エネルギーと物質は等価に交換できるということです。

エネルギーがあるものは物質に変わり、物質はエネルギーに変わります。

宇宙はもともと何もない無の世界から有が生まれ、宇宙創造のビッグバンによるエネルギーの塊から広がったといわれています。インフレーション理論によると宇宙はビッグバンによって膨張していると考えられており、水素原子、ヘリウム原子などが誕生し、さまざまな原子の結合によっていろいろな物質ができているのですが、これらの物質ももともとはエネルギーなのです。138億年前に、もともとひとつであり一体だったすべての物質、すべての生命、すべてのものが、宇宙創成のビッグバンにより分裂してバラバラになったにすぎません。

エネルギーを計算する場合、目に見えるものや物質、質量が測れるものは「$E = mc^2$」。

一方、目に見えないもの、質量の測れないものは「$E=h\nu$」という公式で表されます。Eはエネルギーでhがプランク定数、νは周波数を表しています。周波数の定義は1秒間当たりに何回振動するかで、別名、振動数といいます。1秒間当たり100回振動すれば周波数は100ヘルツといいますし、1秒間に50回振動すれば50ヘルツという表現になります。

結局、これは何を意味しているかというと、エネルギーは周波数に比例していることを表しています。**電磁波の周波数が高ければエネルギーは高くなりますし、周波数が低ければエネルギーは低くなります。**

この世界は目に見えない電磁波のエネルギーが飛び交っています。

例えば、可視光線や赤外線、紫外線、エックス線、ガンマ線などいろいろな電磁波があり、その違いは何かというと、波の波長の長さが違うのです。波長が短ければ短いほど、1秒間にたくさん振動することになるため、振動数が高くなります。波長が長くなればなるほど、ゆったり振動するので、振動数が少なくなるのです。

赤外線は可視光線よりも波長が長くゆったり振動します。しかし、紫外線は可視光線よりも波長が短くたくさん振動します。

たくさん振動するということはイコール周波数が高いので、エネルギーが上がってきます。だから、紫外線で日焼けするのです。これはエネルギーが強いからです。しかし、赤外線では焼けません。いくらテレビのリモコンを当てても、赤外線で焦げて赤くなったりしないのです。要は、同じ電磁波なのですが、波長が長いか短いかによって、赤色に見えたり黄色に見えたり、赤外線になったりガンマ線になったり、紫外線になったりと特徴が変わってしまうのです。

では、**この電磁波の正体は何かというと、光の粒子であるフォトン、つまり光子**です。

二重スリット実験

解説：**高橋宏和**

二重スリット実験というのは、20世紀でもっとも美しい実験にも選ばれた有名な実験です。

銃で小さい弾を、図Aのように2つのスリットを開けた紙に向かって何度も発射するとします。スリットの先には接着剤がついたスクリーンが置いてあるとします。

そうすると、結果、図Bのようになるのは、誰もが予測できることです。

図【A】

図【B】

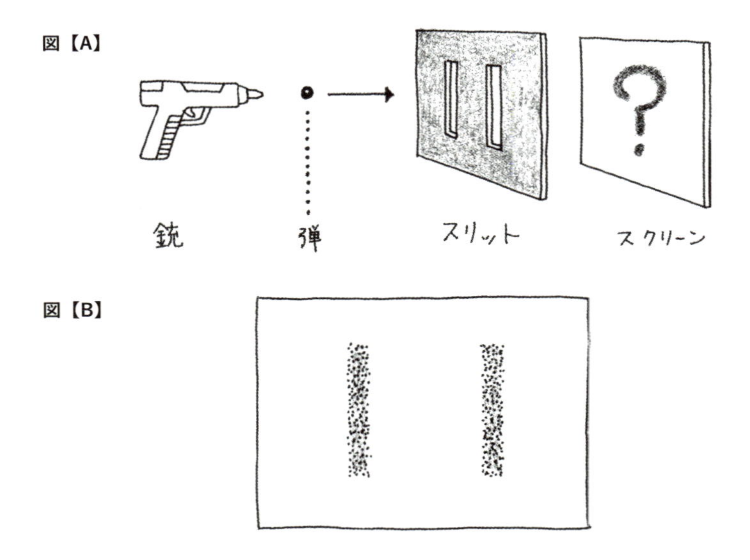

これが図Cのように、光だったらどういう模様になるでしょうか？
結果は図Dのような感じで、縞模様が出てきます。

図【C】

スリット

光に反応する
スクリーン

図【D】

弾は「粒」ですが、光は「波」としての性質を持つので、**その波紋の山と山がぶつかるところは強く光り、山と谷がぶつかって打ち消し合っているところは暗くなる**のです（図E）。

図【E】

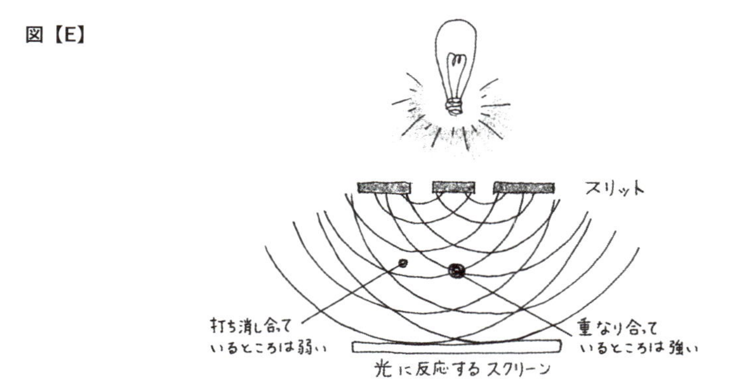

この実験をすることで、**その物質が「粒」であるのか「波」であるのかがわかる**ということです。2本線が出たら粒であり、縞模様が出たら波であるということです。

この実験を、量子のひとつである電子で行ったとします（図F)。電子の粒を電子銃で、ひとつずつスリットに向けて撃ち込んでいくのです。そうすると、どういう模様になるでしょうか？

結果は、図Gのような縞模様が出るのです。
つまり、電子は波だということです。

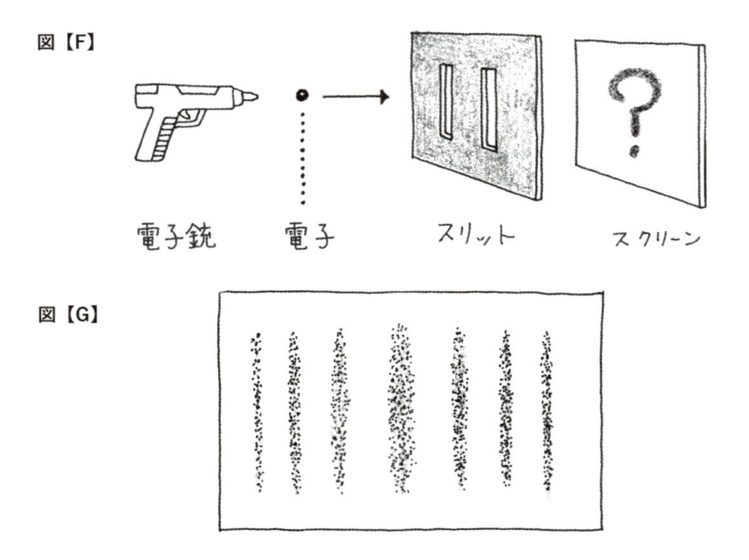

しかし、図Hのように2つのスリットのうち、右側と左側、どちらのスリットを電子が通るかを確認するために、センサーカメラを付けたならば、どうなるでしょうか？

図【H】

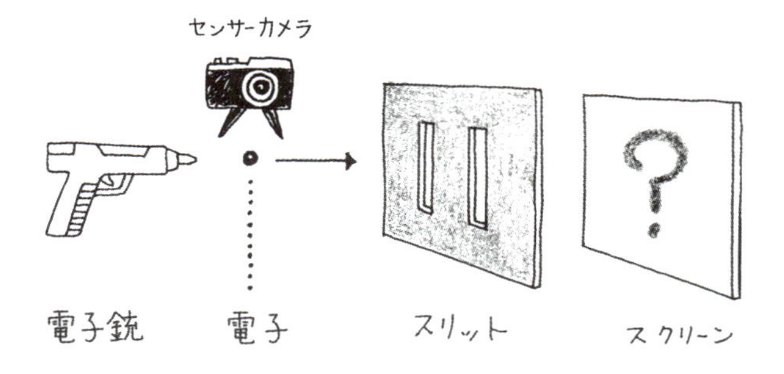

図【I】

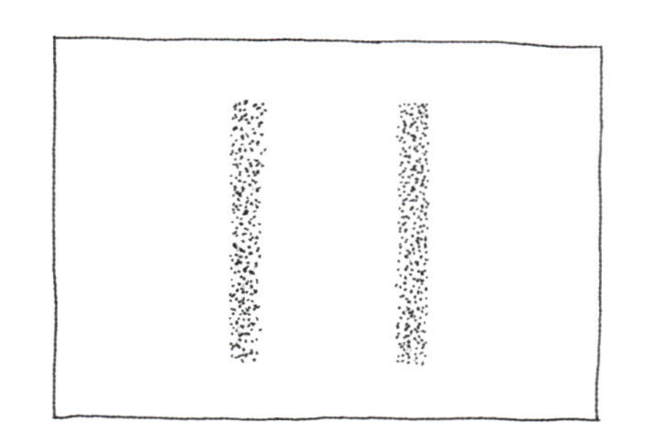

センサーカメラで観測したら、結果は図Ｉのように、縞模様ではなく２本線が出るのです。

量子は、観測すると挙動が変わるということです。

我々が見ていないところだと「波」として振る舞うのに、我々が観測したとたんに「粒」として振る舞い始めるのです。このような観測の違いによって振る舞いが変わることを観測者効果といいます。

これが、量子が粒であり波であるという結果を示した二重スリット実験です。

CHAPTER 1

LIVE IN VIRTUAL REALITY

真空から宇宙が生まれた＝色即是空

宇宙が生まれたのは、今からおよそ138億年前といわれています。
何もない「真空」から宇宙が発生したとされていますが、19世紀以前は、その真空とは、いかなる物質もエネルギーも何もない空っぽの空間と考えられていました。
しかし20世紀になり、その真空の中から、粒子が出没しているということが発見されました。
真空に巨大なエネルギーを注入すると、その振動が粒子になり、「ヒッグス粒子」が叩き出される、ということがわかってきたのです。
そしてその粒子の一部から、原子や分子が誕生し、物質が生まれ、私たち人間が存在するようになったということなのです。
近年では、真空を人工的につくって、そこから物質を生み出す実験、ビッグバンを再現する実験も行われています。

2500年もの昔からお釈迦様が説いた「色即是空（しきそくぜくう）」も、これと同じことです。
今見えている世界（色）は、真空（空）なのだということ。
そして、目に見えるものと見えないものは等価だということ、目に見えている世界（色）の実体は目に見えないもの（空）、つまり、あなたを含め、この世界の本当の姿とは、目に見えないエネルギーだということ。
そして、**あなたという心が、このエネルギーに影響を与え、物質世界**

をつくり出しているということ。
お釈迦様が説いてきたのはこのことなのです。仏教が私たちに伝えようとしているのは、この真理なのです。

現代は、量子力学の登場により、2500年前から宗教の分野で説かれていた真理に、科学が追いついてきているという時代なのです。

ヒッグス粒子って何？

解説：高橋宏和

ヒッグス粒子は、**別名、神の粒子**といわれています。
なぜ神の粒子かというと、質量の起源と考えられているからです。
もともと宇宙が誕生した瞬間は何もない真空でした。真空の世界は素粒子も光のスピードで動いていました。

でもそこでヒッグス粒子が生まれたのです。それはイメージでいうと、雪が積もっている中を歩く時は動きづらいですよね。この雪がヒッグス粒子なのです。例えば、プールの中を歩こうとすると抵抗があって、水がなかったら早く行けるのに、水があると動きづらくなる。この動きづらさをつくるものをヒッグス粒子というのです。

すべての素粒子は、ヒッグス粒子によってゆっくり減速できるようになり、そうして、素粒子が質量を持つようになりました。この仕組みをヒッグス機構といい、この質量獲得の仕組みのおかげで、私たちの宇宙では原子や分子が構成され、銀河や惑星が形成され、そこに私たち人類が存在しているのです。

ヒッグス粒子は、2012年の7月にピーター・ヒッグス博士により確認され、翌年、ヒッグス粒子の存在を半世紀前に予言したフランソワ・アングレール博士とピーター・ヒッグス博士にノーベル物理学賞が贈られることになりました。

CERN（欧州原子核研究機構）

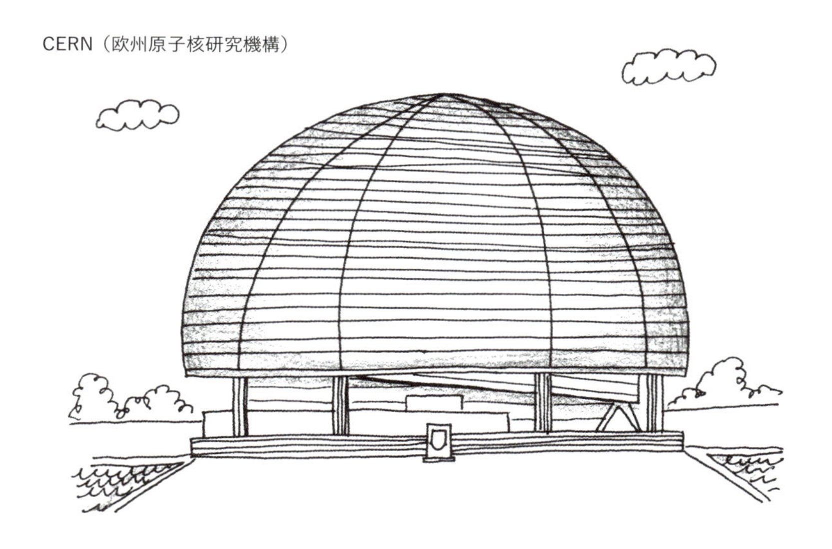

CERNで行われていること

スイスのジュネーブ郊外にCERN（欧州原子核研究機構）という山手線の内側ほどの大きさのトンネルのような、世界最大規模の素粒子物理学の研究施設があります。

そこで、宇宙の創造の瞬間を再現しようとしているのです。

具体的に何を行っているのかというと、素粒子同士をぶつけることによって新しい素粒子を生み出すことです。宇宙が誕生する瞬間は、まさに素粒子がぶつかって、そこから新しい素粒子が生まれたということを再現しているのです。

また、ぶつけた時にその素粒子が途中で消えてしまう現象があって、なぜ消えるのかというと、もしかすると、異次元空間にその素粒子が行ってしまっている可能性があるのです。

CERNでは、このような実験が行われています。

CHAPTER 1

LIVE IN VIRTUAL REALITY

ゼロの中の創造

コロナ禍で娘の学校が休校中に出された数学の課題に、このような問題（図１）がありました。

図【1】

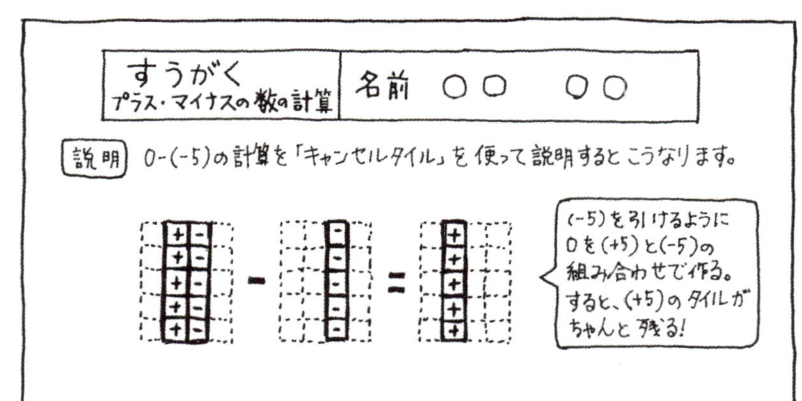

マイナスの引き算についての説明ですが、ゼロからマイナス５を引きたいのだけれど、ゼロには何もないから、まずその中でプラス５とマイナス５をつくって、そこからマイナス５を引く、という説明です。

そうすると、プラス5が残るから、0－（－5）＝5となる、ということです。

つまり、ゼロの中には、無限にどんなものでも好きなだけ生み出せる。
でも、何かを生み出すと同じだけのマイナスが同時に生み出される。
ゼロの中でプラスが何個増えても、同時にマイナスを生み出せばゼロはゼロなのです。

どんなものでも生み出せるけれど、でも、それと同時にゼロ。
まさに、無であり無限なのです。

この問題にも書いてある通り、「ゼロの意味は何もないゼロではなくて、中身のたくさん詰まったゼロ」なのです。

そして、何かを生み出せば、必ずそれに相対するものが生み出されます。
私たちのいる世界は、二元の世界です。表と裏、大と小、正と悪、光と闇、男と女、すべて対になって存在します。
この世界が二元の世界であるのは、まさに、この世界がゼロ（＝空、＝真空）の中に生み出されているからなのではないでしょうか。
そしてみんな、ゼロの中に存在するのです。
本当に、私たちは、何もない「無」に存在するのです。

CHAPTER 1

LIVE IN VIRTUAL REALITY

見えているものは すべて過去

遠くに見えるたくさんの星たち。
光が地球に届くまでに、ある程度の時間がかかるので、私たちの目に見えている星は過去の姿だと聞いたことがあるのではないでしょうか？

見えるということは、言い換えると「光が目に入る」ということです。
自らが光を放つ恒星は、その星から出ている光が目に入って見えている。
月など、自らが光を放たないものは、それに反射した光が見えているということです。
そして、地球から光で7年かかるところにある恒星を見ているとすれば、それは、その星の「7年前」の光を見ているということです。

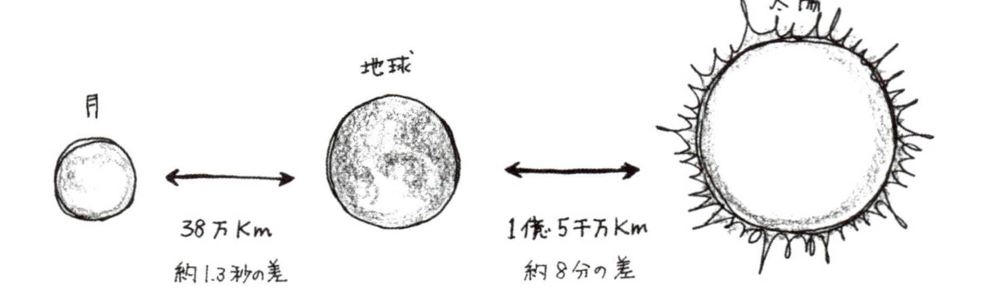

遠くに見える星たちが過去の姿であるということは、遠い、近いの差はあれど、つまり、**目に見えるものというのは、すべて過去ということ**です。
そして、**「今」を見ることは決してできない**のです。

では、見ているものは何でしょうか？
見ている「存在」とは何でしょうか？

見えているものが過去ということは、見ているものは、見えていないものであり、今。

つまり、「今」には、「何もない」のです。

「存在」だけが「今」にあって、それは見えていないものであり、つまり「無であり空であり真空」なのです。

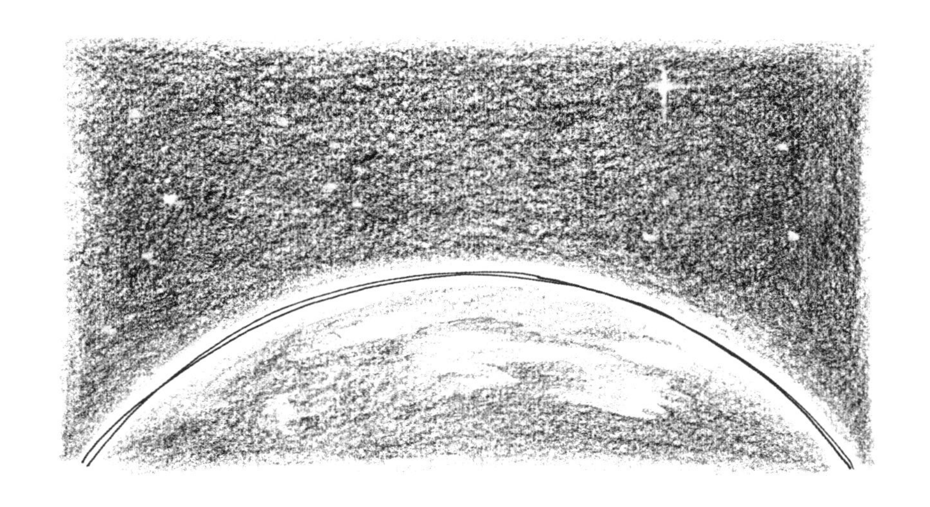

CHAPTER 1

LIVE IN VIRTUAL REALITY

世界は神様がつくったのではない

日本の神話にも、世界各地の神話にも、『旧約聖書』にもあるように、もし、この宇宙を神様と呼ばれるような存在がつくったとしたら、ではその神様をつくったのは誰でしょう？
神様の神様でしょうか？
その神様の神様をつくったのは誰でしょう？
神様の神様の神様でしょうか？
このように、延々と続いていくことになり、この問いには終わりがありません。

ここまで説明してきたように、すべてを生み出したのは「真空」であり、「無」。
そして、**無であり無限である真空、それこそが、私たちが神と呼んでいるもの**なのです。
それは、無であるがゆえ、始まりもなければ終わりもないものです。

キリスト教で「神は愛なり」といわれるように、これこそが愛なのです。
そしてそれは同時に、あなたのことなのです。

結局のところ、すべては「無」であり、静寂があるだけで、何も始まってもいなければ終わってもいない。私たちも、生まれてもいなければ死んでもいないのです。

WORK
1

実在を感じるワーク

目の前に見えているものは、すべて過去であるということをお伝えしました。
つまり、見えているものは過去であり、実体から映し出されている虚像なのです。

では、目を閉じてみてください。
そこには、何がありますか？

目を開けて見えるものがすべて過去であり、虚像であり、今ないものであるなら、閉じている時、そこにあるものが今あるものであり、実像です。

目をつぶれば視覚は弱まりますが、それ以外の五感（特に聴覚と触覚）は残ると思います。身体自体で感じるもの、つまり虚像であるため、他の感覚器で受け取るものも、幻想です。

目を閉じてしばらくした後、さらには、視覚以外の五感で感じるものも落としていきましょう。触覚、聴覚、嗅覚など。それらをないものにすることは難しいですが、それらも限りなくないものとして、そこには何が残りますか……？

WORK
1

実在を感じるワーク
解説

あるのは、
「自分の心」それだけです。
それが、
この世界の正体なのです。

CHAPTER 2

個としての自分と全体としての自分

EXPLORE YOURSELF

自分とは何でしょうか？
自分とは何か？ をあらためて考え始めると、
確固たる自分と呼べる存在は
いないことに気づきます。
自分という存在は
どこからどこまでなのでしょうか？

CHAPTER 2
—
EXPLORE YOURSELF

自分って何？

あなたは、自分を◯◯という名前の、ただ一人の人間だと思っているかもしれません。
そして、あなたは、あなた自身を肉体だと思っているかもしれません。

しかし、この世界が仮想現実だとしたら、その中にいるあなた自身も仮想だということになります。

世界では脳死が確認された患者の臨死体験の事例や、先天性全盲者が臨死体験をし、その際に体外離脱して周囲の状況を正確に捉える視覚を備えていたという事例についての研究もあり、これらはいずれも、脳と肉体を超えた「何か」が存在する可能性を示しています。

どうやら、**あなたは「個の肉体と脳」ではない**ようです。
個の肉体を超えた「何か」、本書ではそれを「ひとつの心」「無」「真空」「空(くう)」「本当のあなた」「本当の自分」などと呼んでいます。

もちろん、ここで私があなたに「本当のあなた」を証明してあげることはできません。
しかし、この本を通じて、あなたとは、あなたが考えているような「個の肉体と脳」ではない、ということについて考え、そして感じ取っていただけたらと思います。

少し考えてみただけでも、先ほどまで自分の外側にあった食べ物が、自分の胃の中に入ったらそれは自分なのか？　ダイエットして、お腹のお肉が減ったとしたら、その肉は自分ではなかったのか？　切った爪や髪の毛は自分ではないのか？ など、もし、個の肉体を自分だと考えると、どこからどこまでが自分なのかということはわからなくなってきます。

この章では、自分と自分を取り巻く世界全体は「ひとつの心」の現れであり、すべての事象は心が描き出しているのであり、あなた自身でさえも、その現れの中に起こっているだけにすぎないということ。**本当のあなたというのは、その「ひとつの心」である、**ということをさまざまな形でお伝えしていきます。

CHAPTER 2

EXPLORE YOURSELF

思考は
どこからくるの？

例えば、家の中でも外でもいいのですが、急に虫に出くわしたとしましょう。
多くの人は、そこでびっくりするとともに、嫌だ！とか怖い！という思考が瞬間的に湧いてくると思います。

そこで、ちょっと考えてみてください。
それは、あなた自身が「嫌だ」と思ったのでしょうか？
自分で、「嫌だ」と思おう、「怖い」と思おう、と思う前に、すでにそれは湧き上がってきたのではないでしょうか？

だとしたら、それはどこからきたのでしょうか？
それは反応とも言えますね。
それらは、そもそもあなたの中に備わっているものであり、あなたの中に湧き上がってきているものなのです。

また、もうひとつ考えてみてください。
あなたはどんな食べ物が好きですか？
そして嫌いな食べ物は何ですか？

好きな食べ物にしても、自分で選んでいると思うかもしれません。
しかし、あなたは嫌いな食べ物を今日から好きになることはできないでしょう。

やりたい仕事、趣味、好きな場所、何にしたってそうです。
その「好き」は、好きだから好きなのであって、そしてそれはあなたに自然に備わっているもので、あなたが選んでいるわけではないのです。

一日のうち、少しの時間でもいいので、自分の中に何が湧き上がってくるか、それを見つめる時間を取るようにしてみましょう。
もちろんじっくり瞑想するのもいいですし、それが難しい場合は、歩きながらとか、お皿を洗いながらとか、お風呂に入りながらでもそれはできます。

そして、湧き上がるものを、肯定も否定もせず、そのまま、あるがままに受け止め流すようにしていると、自分という個人が思考を選んでいるわけではないということに気づけるようになってきます。

じゃあ、それはどこから湧き上がってくるのでしょう？
それは、「人格を持った誰か」ではありませんが、**その湧き上がってくる大もと、それこそが真のあなた**なのです。

CHAPTER 2

EXPLORE YOURSELF

無数にいる自分。どれが自分なのか？

あなたが自分のことを「決断できなくて行動できない人」だと思っているとしましょう。
でも一度、誰かに、自分のことをどう思うか聞いてみてください。そうしたら、「あなたは思慮深く責任感が強い人」という、全く違った答えが返ってくるかもしれません。
さらに他の人にも聞いてみると、全く別の印象を持たれているかもしれません。

さて、どれが「あなた」なのでしょう？

また例えば、同じひとつの本にしても、さまざまなレビューがつきますよね。肯定的なものから、否定的なものまで、本当に同じものを読んだのか？というくらい、全く違うレビューが並ぶことも多いでしょう。なぜでしょうか？
それは、その人の心の中にあるその本について、レビューに書かれているからです。レビューを書いた人が心の中につくり上げている本であり、その人の内面が反映されているのです。
つまり、それを読んだ人の数だけ、その本は重なって存在するということ。
本は確固とした、ひとつの存在ではなく、読んだ人の心の中にいくつも存在するということです。

このように、確固とした「あなた」とか、「本」というものは存在しません。人の数だけ、その人の心の中に目に見えない形でいくつも存在するのです。
目に見える「あなた」や「本」は虚像で、心の中のほうが実像なのです。
そして、それぞれが、自分の中にあるデータを仮想現実の世界に映し出しているのです。
これは、**人の数だけ現実がある、人の数だけ宇宙がある、**ということでもあります。

アインシュタインは、時間と空間は絶対的なものではなく、相対的なものだと言いましたが（P.78、79 参照）、まさに、それぞれが、それぞれの宇宙をつくっているのです。
そしてそれが重なり合っているのです。
しかし、それらはすべて「空」であり「真空」なのです。

CHAPTER 2
—
EXPLORE YOURSELF

「私はいない」と「私はすべて」

ここまでで、すでに、「自分って何なんだろう？」「私って何なんだろう？」と思った人も多いかもしれません。
そして、第１章で、自分を含め、すべては素粒子であるということ、すべてはひとつだということ、そして、すべては「真空」から生み出されているということをお伝えしましたが、その**何もない真空、すべてを生み出す真空こそが、本当のあなた**なのです。

スピリチュアルな探究をしている人であれば、「私はいない」という言葉を聞いたことがあるかもしれませんが、それはつまりこういうことです。

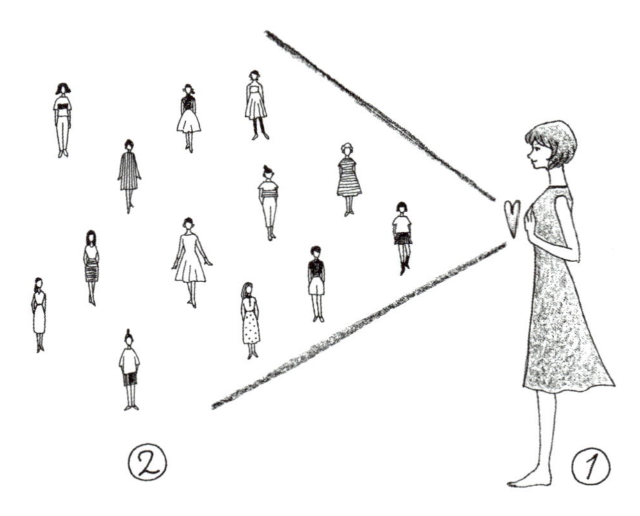

０章で、「ひとつの心」から仮想現実が生み出される様子をお伝えしましたが、左ページの図で、
②が私たちが現実だと思っている世界
①がそれを生み出している「ひとつの心」（＝真空）です。

これは、「わたし」や「ワンネス」などと呼ばれることもあります。
（①は、人の形をしているわけではありませんが、ここでは擬人的に描いています）

下の図のように表すこともできます。

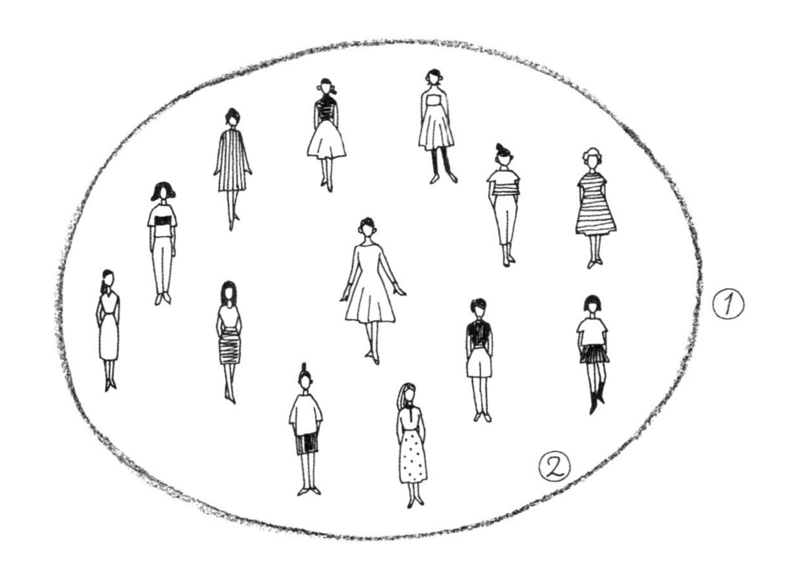

①は、この大きな円で「ひとつの心」（＝真空）です。②はその中。
②の中にたくさんの人がいますが、その中にいる一人が、今、あなたがあなただと思っているあなた、個人的としてのあなたです。

「私はいない」というのは、どちらの図においても、②というのは、①から生み出されている仮想現実の世界であり、①が実像で、②が虚像なので、②の中にあるすべてのこと、あなたという人間さえも本当はいない、ということです。

結局のところ、仮想現実側から言う「私はいない」というのは、個の自分の視点に立った言い方なので、「私はすべて」と言ったほうが、より真実を表していると思います。

「私はいない」と考えるよりは、**「すべては『空』だ」**、そして、**「私とはすべてだ」「私とは無であり無限だ」**というように考えたほうがわかりやすいでしょう。
しかし、その「すべて」とは目に見えるものすべてであると同時に、何もない真空であり無であるので、その意味では全体としての私もいないということがいえます。

QUIZ
1

あなたはどれでしょう？

QUIZ
1

あなたはどれでしょう？
答え

あなたとは、
それ全部、すべてです。
あなたはいつでもあなた自身を
見ているのです。

QUIZ
2

あなたはどれでしょう？

QUIZ
2

あなたはどれでしょう？
答え

このイラストすべてである
と同時に、
映写機の中のデータがあなた。
本当のあなたは、
色も形も大きさも質量もない
「真空」であり、
いわばデータです。
それを映し出した世界を、
あなたは見ているのです。

魂と
魂のシナリオ

「個人としての私」という確固たる存在がないとしたら、もちろん、それに付随する「魂」という確固とした何かもありません。
あなたというのは、「ひとつの心」であり、色も形も大きさも何もない「真空」です。
その全体であるあなたが、自分を知るために仮想現実をつくり、その中で個の視点を持つ、個であるという認識を持っているわけですが、その認識こそが魂であり、自我と呼ばれるものです。

そして、そのように3次元の世界で視点を持つ、それが、この世界に生まれてくるということです。
そして、**魂や肉体というのは、結局のところ、この夢の中、仮想現実を生きるためのキャラクター設定**なのです。それゆえ、そのそもそもの設定や、そのキャラクターが歩むべきシナリオがあるのです。
しかしそのシナリオは、一本の線ではなくて、その人の可能性の範囲で無数にあって複雑に絡み合っています。

つまり、**人生というのは複雑なアミダくじのようなもので、一本の大きな樹のようなもの**だと考えてください。
瞬間瞬間、可能性の範囲で分岐しているのです。

出発点はひとつ。
そこからどんどん枝分かれして、どこかで終わります。
すべての葉っぱはあなたです。
この樹の形、というのは決まっています。
この樹の中にあることは起こり得ることです。
この樹の中にないことは起こりませんし、経験できません。
この樹は、あなたの可能性の範囲の木、と呼べるものです。

先日、とあるお医者さんと話す機会があったのですが、その方は「**科学的には、魂とは遺伝子情報と言える**」とおっしゃっていました。
つまり、生まれた時からあなたの中には、その情報が備わっているということです。あなたの性格や能力、嗜好や可能性は、そこに最初から詰まっているのです。
そして、その情報の通りに生きるということは、この仮想現実の中、ドラマの中の役を演じ切るということです。

未来は決まっている、とか、すべては決まっている、と聞いたことがあるかもしれませんが、**生まれた時点で、この可能性の範囲の樹は決まっている、**ということです。
私も、自分が本当に望んでいないことは引き寄せられないよ、ということは何回も自著の中で書いたことがあるのですが、それは「この樹の中にないことは起こらないよ」ということです。

あなたが生まれた時点で、あなたが経験し得る可能性のあることは全部決まっているのです。
しかしそれは、ひとつではなく、たくさんあるのです。
ゲームと一緒で、スタートからゴールまでの道はひとつではなく、そして、ゲームソフトの中にないことは起こらないけれど、あなたが進むルートの可能性はいくつもあるということです。

そして、どのルートを通ってもある時期がきたら起こること、というのもあります。
このような感じです。

コロナ禍など、世界的なことだけではなく、例えば、結婚、離婚、出産、病気など、個人的なことでも、それはあります。

それが、**いわゆる宿命と呼ばれるもの**です。

WORK
2

魂のシナリオを知るワーク

次の問いに答えてみてください。

あなたは何がしたいですか？
あなたは、人生の時間をどのように使っていきたいですか？

WORK
2

魂のシナリオを知るワーク 解説

ここで出てきた答えが、あなたの魂のシナリオを教えてくれます。
それは、１年前と今と１年後では変わっているかもしれません。

しかし、それでいいのです。
この質問の答えを知ることにより、その時点での魂の地図、人生の地図を手に入れたことになります。

CHAPTER 2

EXPLORE YOURSELF

未来は決まっているけれど、決まっていない？

ニュートン力学以前の物理学（古典力学）では、現時点での物の状態がすべて正確にわかっていれば、未来に起こることは完全に予測できる（例えば、ビリヤードで、同じ場所で同じ球を同じように打てば、その軌道は決まっている）と考えられていました。
つまり、未来は決まっているとされていたのですが、その後量子力学が発展してきて、電子や素粒子など目に見えない世界では、そうではないということがわかってきました。

量子は、粒であり、波である、ということを前の章でお伝えしましたが、今、目に見えない粒子だけではなく、目に見える物質も同じように粒であり波であるという性質を持っていることがわかってきているそうです。
つまり、私たちの身体の今この瞬間から、可能性の波が広がっているのです。
それが、**今のあなたからいくつもの世界に分岐したパラレルワールド**です。

未来は可能性の範囲は決まっています。でも、それは一本の線ではなく、枝分かれした線だ、ということはお伝えしました。
つまり、あなたの1分後というのは、1分で行ける範囲の中で決まっていますが、それはひとつではなく複数あるということです。

スタート地点は決まっているので、もし、あなたが日本人の親から日本人として生まれたなら、アメリカ人の親からアメリカ人として生まれた未来は経験できないということになります。
また、自分を振り返っても、この職業ならやってみたいけれど、これだけは絶対に無理だ、絶対に嫌だ、と思うものもあるでしょう。
それは、あなたという可能性の中にあるものはあなたがなりたいものとして浮かび上がってきますし、ないものは浮かび上がってこないのです。
私自身も、夢で見たことと全く同じ経験をしたり、中高生の頃、クラス替えで誰がクラスメイトになるか、誰が隣の席になるか、などということが前もってわかっていたという経験などがあり、未来はすでに存在するということは感覚としてわかります。

またリーディングなどで、未来のことを言われ、その通りになった経験も何度もあるのですが、それは、未来はひとつに決まっているのではなく、**現時点での「もっとも可能性の高い波」を読み取っている**のです。
ですので、意思のはっきりしている人はその通りになりやすいし、曖昧な人やそもそも占いやリーディングを信じていない人は、あまり当たらない、ということになります。
未来は（可能性の範囲は）決まっているけれど、決まっていないのです。
そしてこの、無数にある未来の可能性、それがすでに存在するということ、これが「すべては同時に起こっている」ということなのです。
また、「時間は存在しない」と聞いたことがある人もいるかもしれませんが、これはそもそもすべては空であり、そこにすべての可能性、データが詰まっているということで、そのデータに時間はありません。
それが仮想現実に映し出された時、初めて時間が発生するのです。

パラレルワールド

解説：高橋宏和

二重スリット実験（P.28参照）で、電子というのは粒であり、波であるということがわかりましたが、それはつまり、観測される前の電子の位置というのは可能性として多重に存在しているということです。

それは、あらゆる物質は、あらゆる可能性として重なり合って多重に存在しているということであり、だとしたら、電子を観測している人間も、多重に存在しているといえるでしょう。

あなたが、その電子を見ている世界、見ていない世界、あなたが男性である世界、女性である世界、あなたがAという会社で働いている世界、Bという会社で働いている世界、Aという国に生まれた世界、Bという国に生まれた世界、Cという国に生まれた世界……。

すべての、あらゆる可能性が同時に多重に存在しているということです。**別の世界に別のあなたが無数に存在する**ということです。

これが**多世界解釈、パラレルワールド**です。

しかし、どれほどたくさんの世界があったとしても、あなたが同時に見ることのできる世界はひとつなのです。

また、最近の宇宙論でも、**宇宙は無限にある、宇宙は無数につくられる**ということが言われています。これを、**マルチバース理論もしくは多元宇宙論**と呼んでいます。マルチバース理論では宇宙が無からつくられるなら、宇宙がひとつしか生まれないなどとは決して考えられず、無の状態からはいくらでも生まれるのではないかと考えられています。

あなたはもしかしたら、無限に近いたくさんの無数の宇宙の中のたったひとつの宇宙の中で生きているだけかもしれません。

CHAPTER 2

EXPLORE YOURSELF

アガスティアの葉のエピソード

「アガスティアの葉」というものを知っていますか？
アガスティアの葉は、紀元前3000年頃に実在したとされるインドの聖者アガスティアの残した予言を伝えるとされる葉（実際は、紙の束のようなもの）のことで、**個人の運命に対する予言**が書かれているものです。

私も随分前から、そういうものがあるということは知っていたのですが、昨年から、周囲でアガスティアという名前をちょくちょく聞くようになっていました。実際に“開けた”という人に会ったりして、自分もそろそろかな、と思っていたところ、昨年縁あって、アガスティアの葉を開けることになりました。
（本来は、基本的にインドまで行かなくてはいけないのですが、コロナ禍以降、オンラインで現地と日本をつなぎ、自分の葉を読んでもらうことができるようになっているのです）

指紋と名前と生年月日だけを提出して、自分の「葉」を探してもらうのですが、自分の名前や年齢だけでなく、父親の名前、母親の名前、兄弟姉妹や子どもの有無、私の場合は、子どもの年齢や、元夫の国籍まで、全部合致したものが出てきて本当にびっくりしました。
（オンライン上で見知らぬインド人から、自分の両親の名前がはっきり読み上げられた時の衝撃はやはりすごいものです）

ある次元からは、すべてが見渡せるということなのですが、その仕組みに興味津々。
ちなみに、この葉は、取得しに行く人の分だけしか用意されていないとのこと。

アガスティアの葉の第１章には、人生の大まかな流れが書いてあり、大体が、これからの未来のことが書いてあるのですが、過去のことも少し書いてあり、私の場合は、以下のような内容でした。

★ 35 ～ 36 歳で、人生に大きな変化が訪れた
→まさに、ブログを始めて、初めての書籍の出版が決まったりしたのがこの頃です。

★ 37 歳で、仕事上で大きな決断をした
→会社を辞めたのがこの頃です。

★ 38 歳で、〇〇
→プライベートなことなので伏せますが、私のごく親しい人、数人しか知らない内容が書いてありました。

★ 40 歳で、重要な出会いあり
→これも、心当たりがあります。

その後、未来のことがかなり事細かく書かれていました。
未来のことは、現時点での可能性の中で、最良の未来が書いてあると思っていますが、楽しみなことがたくさんありました。

アガスティアの葉に限らず、どんな占いでもリーディングでもそうですが、自分が信じていることがそのまま反映されるので、自分が信じていれば、かなりの精度のものが返ってきますし、信じていなければ、全然当たっていない、というものが返ってきます。
（ですから、もし、占いやリーディングに興味がある人は、何をするにしても、自分が信じられるものだけをする、ということが大事です）

実際、アガスティアも、ものすごく当たっている、という人もいれば、当たっていない、という人もいます。その差はどうして出るのか、というと、それは、**すべては、自分の心の反映**だからです。

しかしどうして、インドにある紙の束に、私の人生が書かれているのでしょうか？
それがこの世界が仮想現実であるというひとつの証拠ではないでしょうか。

アガスティアの葉

CHAPTER 2

EXPLORE YOURSELF

引き寄せは どうして起こるのか？

先ほど、人生にはどのルートを通っても起こることがあるということをお伝えしましたが（P.61参照）、どの視点からそれを経験するかは、ひとつではありません。
例えば、コロナ禍を経験するにしても、それを良いほうに捉えて良い経験をするか、悪いほうに捉えて悪い経験をするか、それは選べるのです。

今のあなたから枝分かれした未来（並行世界・パラレルワールド）がたくさん存在する、つまり、無数の宇宙の中に無数のあなたが存在しますが、その中からどれを選ぶか、それは、今、あなたが出している波動（周波数）で決まります。
ラジオのチャンネルを周波数で選ぶように、自分の周波数と違うチャンネル、違う世界は見ることができないのです。
あなたは、魂のシナリオの樹の中で、どのルートを通るのかをその瞬間瞬間、選んでいるのです。
それは、心の在り方によって。
なぜなら、**あなたというものは、本当は「心」だから。**
あなたがいい気分でいて、いい波動を出していれば、あなたから分岐する可能性の世界の中で、自分にとって良いものを経験していけるのです。
これが、いわゆる引き寄せです。

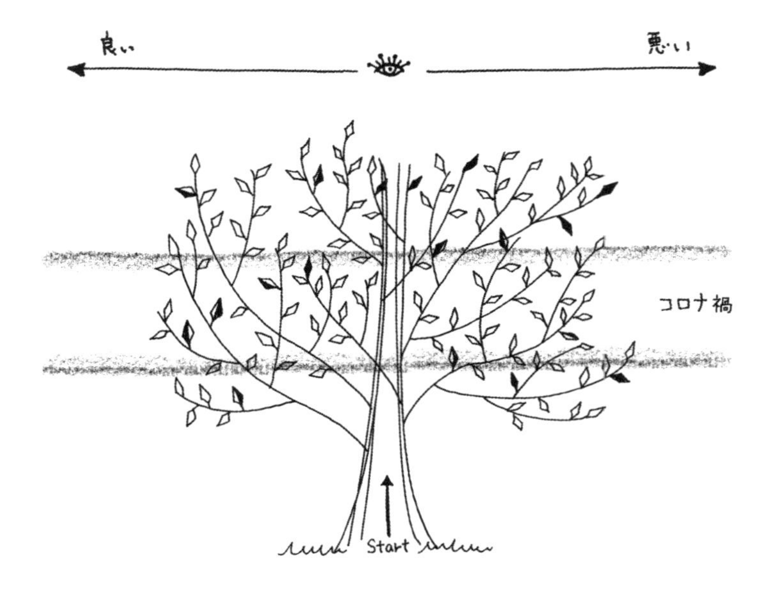

私たちは、どのルートを選ぶのか、それを、周波数によって選択している、と書きましたが、個の自分が選んでいるというよりは、全体のほうがそれに合わせたものを映し出している、とも考えられます。
全体＝あなたの心だからです。

それでも、この魂の樹にないことは経験できませんが、あなたという可能性の中であなたにとってもっとも心地いい未来を選択することができるのです。
周波数を上げる方法、自分にとって良い現実を引き寄せる方法については、これまでの自著に書き尽くしておりますので、そちらをご覧ください。

あなたは「すべて」なので、あなたの中に、最良の道も最悪の道も、全部あります。

そして、あなたが心の在り方を選択していけば、それに沿って、それを反映したルートで人生が展開されていきます。
あなたは、いつでも、**心の在り方（＝波動、周波数）により、視点や経験を選択している**のです。

また、このように考えてみてください。
あなたは多面体で、この人生では、その中のひとつの視点から、その一部を経験しています。
周囲の面は他人です。
しかし、心はひとつです。
そしてその心は、多面体の中にある光源です（下図）。

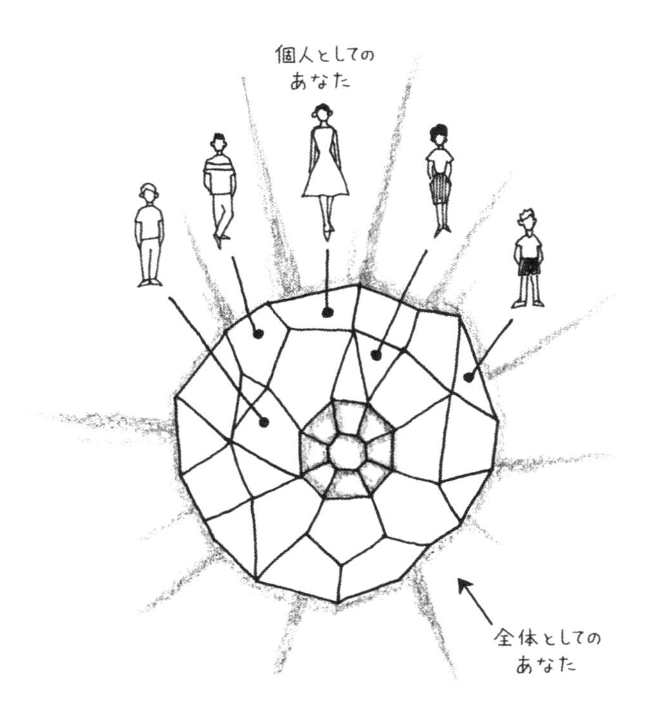

幸せな光を放てば、幸せな現実を見ることになり、怒りの光を放てば、怒りの現実を見ることに。暖かい光を放てば、暖かい現実を見ることになり、冷たい光を放てば、冷たい現実を見ることになるのです。

あなたの心次第で、映し出されるものは変わっていくということです。
あなたは、「起こることに光を当てていく」ことができるのです。
あなた自身が光を当てていくと、本当に目に映る現実に光が満ちてきます。
その体験を積むと、自分とは現実に影響を与えている存在だということがわかります。
そして、**それが深まってくると、自分がすべてなのだ、すべては自分の中で起こっているのだという、ワンネス体験となり得る**のです。

あなたが、「いい気分」つまり、心の状態を自分にとって心地いいものにしていると、魂の樹の中にあることで、あなた自身が心地いいと感じる経験を選択していけるのです。
その結果、そもそもこの樹の中にあるあなたの望み（魂に設定されている望み）はすべて叶うでしょう。

人生において、「望みが叶った！」という経験をした場合、それは、あなたがちゃんとその魂の樹の中にあることを願ったということです。
魂のシナリオの中にないものは叶いませんが、あなたは、自分の心を知ることにより、自分の魂のシナリオの中に何があるのかを感じ取ることができます。
そして、それを素直に願えば、それは叶っていくのです。

自由意志はあるのか？

思考も好みも自分で選んでいるわけではなく、湧き出てくるもの、ということを書きました。もし、あなたが自分は個人であり、肉体であり脳だ、と思うなら、あなたは仮想現実に生きるキャラクターであり、そもそも存在しないものである――ということは、あなたという個人には自由意志はありません。

では、湧き上がってくるもの（自動反応）というのはどこからきているのでしょうか？
それは、すべてであるあなたです。
実在というものはひとつしかない、つまり、自分しかいないのだから、その指令を送ってきているのも自分なのです。
動かしているのも自分なら、動かされているのも自分だということ。
しかし、自分、というのは、いわゆる人間っぽい自分ではなく、本当に何もない「空（くう）」なのです。
つまり、P.52、53のイラストの②が自分だと思っていると、その自分には自由意志などありません。
しかし、自分が①であるという認識に立てば、すべては自分から生み出されているということになります。
自分が①だという意識を持つと、ゲームでいうとゲームのすべてをプログラミングしているという状態になります。そして、あなたは、あなたがすべてであることがわかるようになってくるのです。

CHAPTER 2
—
EXPLORE YOURSELF

自分と他人

すべてはひとつだ、というと、じゃあ、他人って何なの？という疑問が出てくる人も多いと思います。

すべての人は、ひとつの心のひとつの視点です。
そのひとつの視点が、３次元に肉体を持った時点で、そこから、無数の可能性の世界、パラレルワールドが発生します。

そしてみんな同じ空間と時間を生きているように思いますが、アインシュタインは、移動する電車の内と外では、時間の進み方が違うということを明らかにしています。
つまり、それぞれが別々の時間、別の世界を生きていて、それが重なっているということです。
あなたが死んだとしたら、あなたから見えるこの世界は消えますが、他の人から見える世界は残っていることからも、別々の世界を生きているということがわかるでしょう。

また先ほど、多面体である自分という考え方をご紹介しましたが、このように、**ひとつの心から、物質界に現れた時、それが分かれて見え、分かれて存在する**ことになります。
それが他人です。

そして、その分かれた瞬間から、それぞれがそれぞれの並行世界（パラレルワールド）を生きることになります。
しかし、分かれてはいても、それにどのような光を当てるのか、それは、あなた次第なのです。

また、**この多面体で、近くにいる人たちのことを「グループソウル」と呼んでいて、人生のシナリオが進むにつれて、必要な人が自動的に現れてくる**と私は思っています。

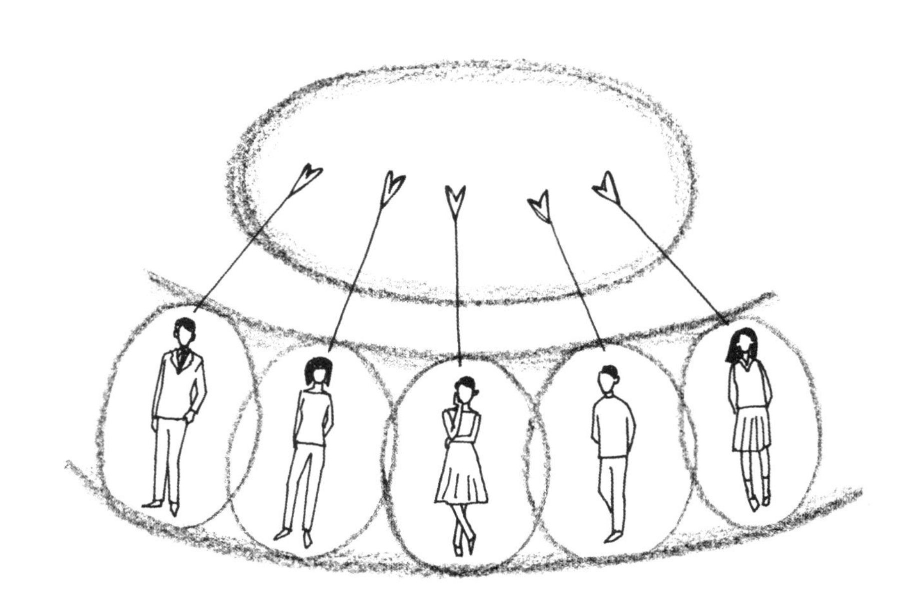

特殊相対性理論における時間と空間

解説：高橋宏和

皆さん、時間と空間は固定されていて絶対だと思い込んでいますが、アインシュタインは時間と空間は相対的に変化すると言いました。

電車に乗っている人は、時速100kmで動いているはずですが、しかし、その人は乗っているだけ、座っているだけとしか感じません。そして、電車の中でボールを落としてもまっすぐ下に落ちるのです。

しかし、外から見たらすごいスピードで電車が動いて、中の人がボールを落とすのを外から見ると、実は放物線を描いて落ちているのです。

外から見たら放物線を描いて落ちているけれども、中に乗っている人から見たら垂直に落ちる。

ボールはどちらも同じスピードで動いています。しかし、電車の中にいる人と外にいる人では、そのボールの動いている距離は違うということです。つまり、電車の中と外にいる人では時間の進み方が違うということ。

どこから観測するかによって、時間の流れが変わってしまうということなのです。

相対性理論では、光速は常に一定であるというのが前提条件です（これを光速不変の原理という）。

この前提条件で計算すると、もし、皆さんの**動く速度が、光速に近づけば近づくほど、時間の流れがゆっくりになってしまうという**ことです。

例えばロケットに乗って、光速の90%の速度で4年ぐらい移動して地球に戻ったら、地球では10年たっていたというウラシマ効果が起こってしまうのです。なぜならば、超高速で動くロケットの中の時間の流れはゆっくり進むからです。

また、東京大学の研究チームは、超高精度時計「光格子時計」を使用して、高低差が約450メートルの東京スカイツリーの展望台と地上階の2カ所で時間を計測し、高度によって流れる時間に違いが生まれることを証明しています。

さらに、空間も相対的なものになります。特殊相対性理論によると**空間は光速に近づけば近づくほど、小さくなります。**例えば、光速の80%の速度で進む新幹線があるとしたら、その新幹線の長さは40%収縮して見えます。

だから、もしダイエットせずにスリムに見せたければ、光の速度に近づいていくと客観的に見て細く見えるということです（ただし、体重は増えますが……）。

以上から、**時間と空間は絶対的に固定されているものではなく、実はその人の動いているスピードや場所によって、それぞれが違う時間と空間を生きている**ということがわかります。

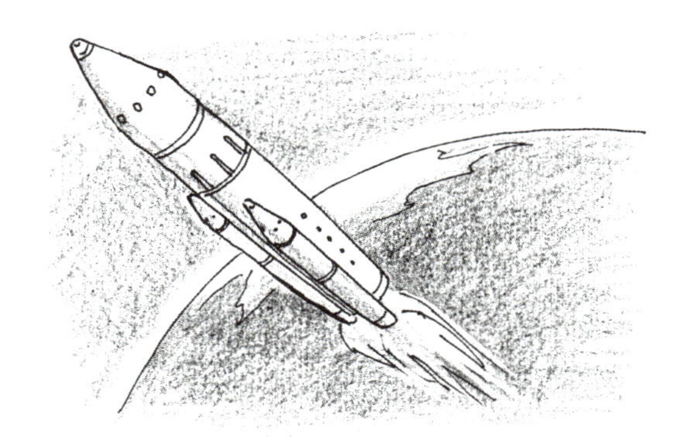

CHAPTER 2

EXPLORE YOURSELF

なぜ、未来が視(み)える人がいるのか？

先ほど、アガスティアの葉をご紹介しましたが、アガスティア以外にも、私の知人で、未来が視える人、というのが何人かいます。
そんなリーディングなんてあやふやなものだし当たらないでしょう？と思うかもしれません。
私も、昔は占いやリーディングなんてあやふやなもの、と思っていましたが、それは自分がそう思っていたからそうだっただけで、世の中には本当に視える人がいる、と思うようになると、本当にそういう人に出会えるのです。

そして、その精度は驚くほどで、本当にその通りになっていく、ということを私も体験しましたし、私以外の何人も見聞きしています。
私の知っている人で、４人ほど、ものすごく精度の高いリーディグをするなと思う方がいるのですが、この４人は、例えば私の未来についてなど視てもらうと、８～９割方同じことを言うのです。
そのような体験をすると、やはり、魂のシナリオは存在し、視ているものは同じなのだな、と思わざるを得ません。

最近も、そのように魂のシナリオや未来が視える人に見てもらう機会がありました。

そこで出てきた、私の未来はこのような感じです。

この後、食関連、環境関連の仕事をすることになる。
また、書いた物語がドラマ化される。
さらにその先は、教育関連の仕事。
あと約３年は基本的に日本に住んでいるが、そこから、日本と海外を行ったり来たりする。
２～３年後に再婚する。

ざっくり言うとこんな感じです。

また、アガスティアの葉で過去について全部当たっていた話はしましたが、アガスティアの葉に書いてあった未来も、驚くべきことに上記とほぼ一緒なのです。
そしてここで言われたことは、私の心の中にも、うっすらとすでにあることなのです。
（だから基本的には、自分の心に聞けばわかるよ、と私はいつもお伝えしています）

つまり、**魂の樹、魂のシナリオはやはりある**ということ。

ただし、道は一本ではないということはお伝えしましたが、今の時点でもっとも可能性のある未来が上記で、もし、私の気持ちが大きく変われば、この未来も変わっていくでしょう。

しかし、私も、**教えられている未来というのは、魂の樹にあるものの中で最良のもの、**ということがわかってしまっているので、ほぼほぼこのルートを進むのではと今の時点では思っています。

ではどうして、こんなに詳細に未来が視える人がいるのか？ということを考えてみたいと思います。

ここで、物理的次元について考えてみたいのですが、1次元に存在する1次元人がいたとしたら、1次元（線）の目の前にあることしか見えません（図1）。

図【1】

でも、2次元（面）にいる2次元人からは、1次元のすべてを見渡せます（図2)。
そして、3次元（立体）にいる3次元人からは、2次元すべてを見渡せます（図3)。

図【2】

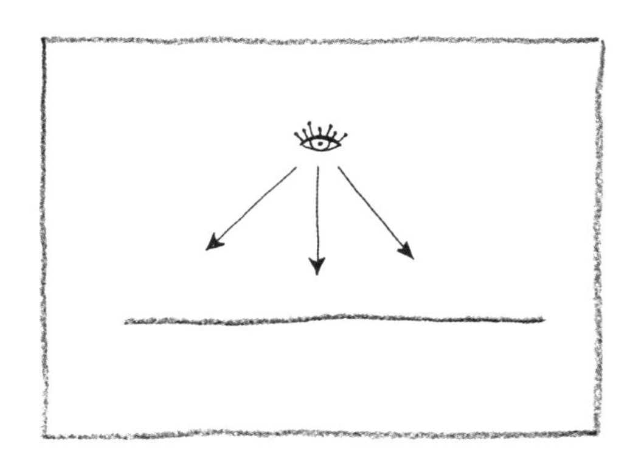

図【3】

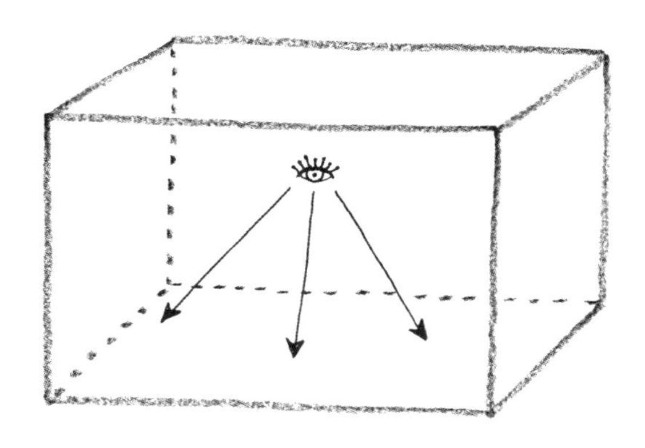

3次元が瞬間であり、それが連続的に続いているのが4次元だとしたら（図4）、それを積んだものが5次元で、5次元からは、3次元と4次元のすべて見渡せることになります（図5）。
5次元からは、過去も未来も視えるということです。

図【4】

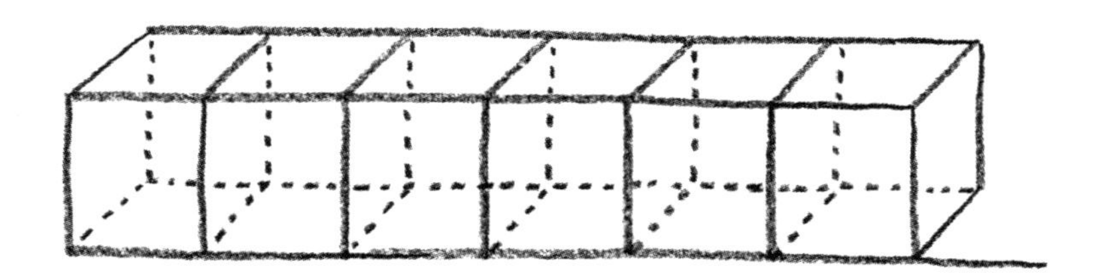

図【5】

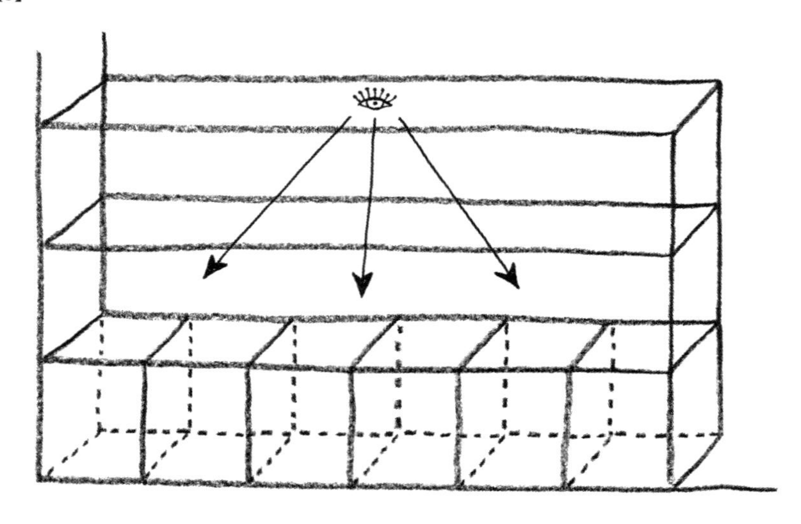

未来が視える人というのは、何らかの形で、視点を5次元に意識的に飛ばせる、ということなのです。
この3次元世界がひとつのストーリーであり、仮想現実の世界であり、それを映画のように全部見渡せる次元というのがあるということでしょう。

話は少し変わりますが、UFOを見た人が、UFOが突然現れたり、突然消えたりしたという証言をしていることがありますが、これは、別の次元から3次元の世界に現れた場合、3次元の視点からは、それが突然現れたり消えたように見える、ということなのです。

物理的次元については、物理学者の間でも、4次元以上はこうだ、という決まった解釈があるわけではないようです。ですので、こういうことなのでは？という推察になりますが、さらに、5、6、7、8……と、上の次元があるとして、この要素は何かと言えば、その人の精神的な状態ではないでしょうか。
あなた自身が「空」である自分に近づくにつれて、次元が高くなるということです。
そして、**次元が変わると、精神状態や触れる情報、理解できることが変わっていく**のです。
例えば、次元が上がっていくと、パラレルワールドについて理解できるようになってきたり、さらに上がっていくと、自分が「空」であるということを認識できるようになってくるということです。

宇宙は11次元構造？

解説：**高橋宏和**

物理学では、超ひも理論によると10次元まで、M理論によると、11次元まであるとされています。

超ひも理論とは物質を構成する最小単位である素粒子が極小のひもだと考える理論です。超ひも理論でも、私たちが暮らす宇宙とは別に無数の宇宙が存在する可能性があるとされています。

M理論は、現在知られている5つの超ひも理論を統合するとされる、仮説理論です。M理論では、2次元的に広がった膜が構成要素だと考えられています。

まず、**0次元は点**です。0次元がたくさん集まったら、**1次元の線**になります。1次元がたくさん集まったら、**2次元の平面**。2次元の平面がたくさん集まったら、**3次元の立体**になります。

この後はどうなるのか。4次元とは何なのか？

一般的には**4次元は時間**だと考えられているので、同じ空間でも時間軸が変わります。同じ空間においても、例えば、現在の空間と未来の空間と過去の空間があります。それが4次元です。

では、**5次元は何かというと、同じ時間軸だけれども、例えば、別の歴史の宇宙が同じ空間にいっぱいあるようなイメージ**です。

つまり、パラレルワールドです。

じゃあ、6次元、7次元、8次元、9次元、10次元、11次元がどこにあるかというのは、これはまだ、今の科学技術ではわかりません。計算上、状態を表現するのに、X、Y、Z（幅・奥行・高さ）、3つの要素で表現したら、3次元なのです。これにT（時間軸）を加えると、4次元を表現します。それに加え、アルファ、ベータ、ガンマ……と、どんどん増やしていって、この要素が11個あるのではないかと理論上はされているのです。

これからもっと科学技術が発達すれば、自在に別次元の宇宙にワープしていくこともできるかもしれません。時間もそうです。時間も、過去、現在、未来という時間を自由に行き来して、ワープできるようになる可能性もあります。

もし、光速を超えるようになったら、自由自在に過去と未来とを行き来できるようになるかもしれません。

本当にこの世界がゲームの世界、仮想現実の世界だとしたら、やっぱりあの時に戻りたい、人生やり直したい、あの分岐点に戻りたいとなったら、ぽんっとワープしていくこともできるようになるかもしれないのですね。

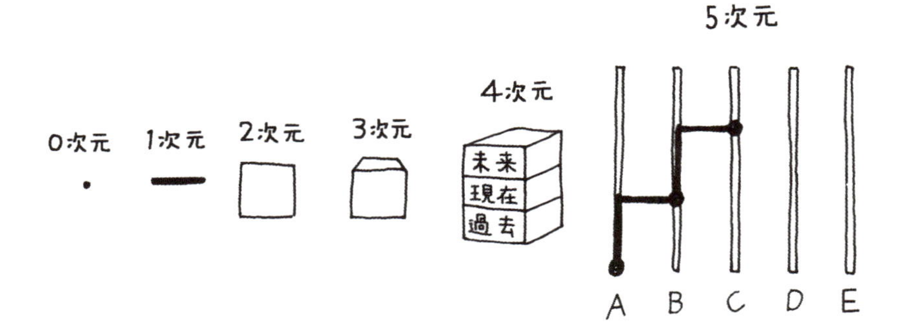

CHAPTER | 3

仮想現実と自我からの解放

BE FREE FROM EGO

この世界が、夢だと気づいたら、
あなたが、本当のあなた自身に
たどり着いたら、
そこには何があるのでしょうか？
真の自由の世界へと旅立ちましょう。

CHAPTER 3

BE FREE FROM EGO

自我からの解放

ここまでで、あなたという存在は、肉体でも魂でもなく、「真空」であり形のない無限の存在なのだ、あなたはすべてなのだ、ということを見てきました。
今まで、自分は○○という名前の個の人間だ、と思ってきた人にとっては（それが当然ではありますし、99％の人はそのように思っていると思いますが）、衝撃の事実かもしれません。

自分とは個の人間ではなく、「すべて」であり、この肉体は仮の姿であるということ、それが本当にわかることが、自我を手放すということです。つまり、自我から解放されるということです。

そして、自分は個の人間ではない、ということがわかると同時に、この世界自体も実在するものではなく仮想のものなのだと見抜くこと、**それが、仏教的に言うとすべては「空（くう）」だと悟ることであり、解脱です。**

この本でお話ししてきたように、自分とは個人ではないということ、この目の前に繰り広げられる世界が仮想のものである、ということを見抜くことができれば、その境地に至ることができるのです。
そうすれば、個人としての自分はドラマや映画やゲームの中の登場人物だということがわかり、現実に起こっていることに対して悩むこともなくなれば、何かに執着するということもなくなります。

(肉体がある限り、もちろん衣食住は満たさなくてはいけませんが、固執したり悩まされたりすることがなくなるということです)
その状態が解脱です。

解脱とは、辞書では、「縛るものを離れて自由になる、悩みや迷いなど煩悩の束縛から解き放たれて、自由の境地に到達すること」とあります。
このように、一般的に、解脱とは現世への執着を落とすことだと思われていますが、この世界が実在するものではない、という理解なしに、ただ欲望や執着を抑えようとしても、それはなかなか難しいのではないかと思います。
この世界には魅力的なものがたくさんありますから。

しかし、**まず自分も世界も仮想のものなのだ、ということが理解できれば、自然と執着を離れた状態になれる**のです。
この世界が仮想であることを見抜くことができれば、つまり、ただのドラマでありゲームだ、ということがわかれば、それをただ楽しもうと思うことはあっても、深刻になったりその中のことに執着することはなくなるのです。

この状態が、自我から解放されている、という状態であり、解脱している、という状態です。

CHAPTER 3

BE FREE FROM EGO

自我を手放すとどうなるのか？

自我から解放されるとどうなるのでしょうか？
自我をなくす、自分をなくす、というと、「自分という軸を持たないで、人に合わせて消極的に生きていくこと」のように思ってしまうかもしれませんが、全くそういうことではなくて、**自分がない、ということは、傷つけられる（個としての）自分というものがない、ということ**なのです。
恐れる必要がないから、思うままに、思う通りに、積極的にイキイキと生きていくことができる、ということです。

自我から解放されるとどうなるかというと、自分の人生がこうでなくてはいけないというこだわりが消え、自分を主張する必要もなくなり、自分がないから自分を守る必要がないので他人の評価から解放されて、結果もどうでもよくなり、恥ずかしさや恐れも消え、自由に生きることができるようになります。
つまり、**そのままの自然体で生きることができる**ということ。

この世界が仮想現実だと見抜き、自分自身に湧き上がってくるものにただ素直に従って生きていると、自然と、だんだんとこのような状態になってきます。
そのように生きていると、自分がただやりたいと思うこと、自分にただ湧き上がってくることをやるようになり、そうすると自分がそのままでいられる場所、自分が全体にぴたっとはまる場所で生きることができるようになり、自分を飾る必要も、自分をつくる必要もなくなるということが起こってくるのです。
不思議ですが、自分をなくせばなくすほど、自分を生きやすくなるということが起こります。

結局、自我がない状態というのは、流れの中でやりたいように自由気ままに生きるけれど、結局のところなんでもオッケーさ、の境地で生きるということ。自我を手放していくと、このような感じで3次元的なことがいい意味でどうでもよくなってきて、人生はとても生きやすいものになってくるのです。

また、**自我を手放せば手放すほど、自分を流れに委ね、安心して生きることができます。**
その流れ、そのものが本当の自分だからです。
ただこの人生を受け入れて楽しむことができるのです。

CHAPTER 3

BE FREE FROM EGO

解脱することが
苦しみからの解放の道

願いが叶えば幸せになれる、と思う人は多いかもしれません。
私自身も、引き寄せの法則を伝えてきた中で、願いを叶えることについてお伝えすることもありました。
しかし、**引き寄せの法則とは必ず願いが叶う法則ではなく、自分の心が現実に現れている、という法則**です。
あなたが幸せであれば、幸せを引き寄せるという法則なのです。

そして、**願いを叶えた先に幸せがあるのではなく、幸せは自分の心の在り方次第で創造するものだ**ということはこれまでの自著でも何度もお伝えしてきました。

あなたに叶えたい願いがあるとして、あなたの魂のシナリオにあることであれば、それはどこかのタイミングで叶います。
しかし残念ながら、願いを叶えるということは幸せになる方法ではありません。
両者をくっつけて考えないことは、迷いから脱する上で大事なことです。

諸行無常、という言葉を聞いたことがあるかと思いますが、すべての物事は変化していきます。
あなたがどんなに望んだものを手に入れても、そのものや状況は必ず変化します。
ですので、願いを叶えてもそれが続くということはあり得ないのです。
結局のところ、願いが叶ったとしてもその状況は変化しますし、また願いというものはいくらでも出てくるもので、願いが出てきたのならまたそれが叶うのかな？という不安に陥るという、この繰り返しなのです。

そして、**自分が個人だ、という意識のまま何かを求め、それが叶ったとしても、本当に満たされることはありません。**
本当のあなたは「すべて」なのですが、個人は決して「すべて」を手に入れることはできないからです。

ではどうすれば、人は本当の意味で幸せになれるのでしょうか？
ひとつは、どんな状況でもその中に幸せを見つけること。
それが幸せを創造する唯一の方法であり、誰もが幸せを引き寄せることのできる方法です。

そのように、目の前で起こることに対して、その中で幸せを見出し続けることは可能ですが、しかし、不幸をなくすことはできません。
この世界は二元の世界であり、善があれば必ず悪があり、幸せがあれば不幸があり、いい面があれば必ず悪い面があります。

例えば、戦争をなくしたい、不幸な人をなくしたい、世界を平和にしたい、と思う人も多いかもしれませんが、極端なことを言えば、もしそれらが存在しなくなれば、その反対側である幸せや平和もなくなってしまうのです。

常に、両方のものが存在する、これがこの世界なのです。

その二元の世界で、揺るぎない本当の幸せ、揺るぎない本当の安心を手に入れる方法はただひとつ。
その方法が、解脱することです。
つまり、自我から解放され、この世界が仮想現実であると見抜くことです。
自分が映画やドラマの中の登場人物であるということを知り、それを自覚して生きるということです。
本当の意味で、不安や執着などの苦しみから逃れる方法は、それしかないのです。

二元の世界

CHAPTER 3

BE FREE FROM EGO

死と輪廻転生

肉体を持っている限り、必ず肉体の死は訪れます。しかし、死んだらすべてが終わりではありません。この本でお伝えしてきた通り、あなたというのは肉体ではないからです。

そして、**通常は肉体が死んでも自我があるため、あの世でも自分を中心とした世界をつくり続けます。**この世も、あなたの心を反映したものですが、あの世では、自分の思いがもっとダイレクトにそのまま反映されます。
つまり、喜びの世界で生きている人は喜びの世界をつくることになり、奪い合いや競争の世界で生きている人は、奪い合いや競争の世界をつくるのです。不満や不足を嘆いてばかりいたら、不満や不足だらけの世界をつくります。天国という場所も地獄という場所もありませんが、自分自身で天国と地獄をつくることになるのです。

今世、日本というとても恵まれた国に生まれてきたとしても、もし競争や奪い合いの心で生きたとしたら、それが次の人生の雛形となり、次は、奪い合いの世界に生まれてきてしまうかもしれません。
また、今世で、あなたが何かに強く執着したり、強い望みを持ったとしたら、それは、次の人生に反映します。
前章で、魂にはシナリオがあるということをお伝えしましたが、このシナリオは、結局のところ、これまで自分が出したもの、そして自分の望みに反応して自動的、自然的につくられたもので、**これをカルマや因果律といい、解脱しない限り、この因果律に支配されて六道輪廻を繰り返す**ことになります。
自分は個人の人間だという自我がある状態では、自分の執着や思いにより、輪廻転生するのです。
しかし、**自分が「空（真空）」だということにたどり着き、自我から解放されると、この輪廻転生の輪からも抜ける**ことになります。
自分が全体だという意識になると、ゲームをプログラミングしている状態になるとお伝えしましたが、それはつまり、空の状態になったあなたが、自分自身の意思により宇宙を創出し、生まれる場所や環境、そしてシナリオを選んでどこにでも生まれ変わることができる（生まれ変わらないという選択を含め）ということになります。

前章で次元について書きましたが、結局のところ、死とは、次元間移動の手段であると私は思っています。今は、この「肉体の死」という方法でしか、通常は別の次元に行くことはできません。
たまに、瞑想を極めるとか、ヨガの技法を極めるなどの方法で、肉体を持ったまま違う次元に行ける人もいるということを聞いたことがありますが。
しかしもし、「自分とは空（真空）である」ということを誰もが理解する時代になれば、真空の性質を使って他の次元へ移動する、ということが可能になる時代がやってくるでしょう。
自分を量子状態にしてまた別の場所で再生するというような形で、テレポーテーションが実現していくということです。
まさに『ドラえもん』の世界ですね。
しかし、それは夢物語ではなく、単に、科学がこのまま進歩していった先に普通に起こる出来事だと思います。

そしてこれが、**地球が宇宙の仲間入りする時代**でもあります。
別の次元への移動というのは、宇宙の別の惑星、ということも含みます。
地球もそうですが、ここも仮想現実であり、そして、別の惑星も仮想現実のひとつなので、宇宙船で物理的に移動するのではなくて、何らかの量子的な技術を使って移動できるようになるということです。
また寿命についても、私たちの実体というのは肉体ではない、と理解する人が多くなれば、延びていくのではないでしょうか。

どうすればそのような時代が訪れるかというと、それはやはり、それぞれが本当の自分はどういう存在であるのかを理解することから始まっていきます。
もちろん、身近な人が亡くなったりしたら、寂しいし、悲しいのは当たり前です。
しかし、**「死」というものが全く別の捉え方をされる時代**は、もうすぐそこまできていると思います。

輪廻転生

すべては縁

自分の望みや出している波動に呼応して輪廻転生する、というお話をしましたが、そのように、あなたは孤立して存在しているわけではなく、すべては繋がっています。
つまり、**すべては縁**なのです。

縁というと人間関係を思い浮かべる人が多いと思いますが、人間関係はもちろん、あなたが何か特定の仕事に出会うのも、どこか特定の場所に憧れたり、行きたくなったりするのも、人生で何か特定の出来事が起こるのも、それは縁なのです。

そしてその縁には、良縁と悪縁があります。
人間関係で言えば、良縁は、過去生などの別のパラレルワールドで良い感情、感謝や希望を残していたもので、悪縁は、過去生で悪い感情、不満や執着を残していたものといえます。
悪縁であるからそれを避けなくてはいけないというわけではなく、悪縁であったとしても今世で出会わなくてはいけない、やらなくてはいけないことがあるので、出会うのです。
そこで出会って、今世でやるべきことをやったら、因縁が解消されてよかったね、となれるわけで、悪縁だから避けたほうがいい、というものではありません。

大事なのは、どんな縁であっても、良い感情を残した状態をつくる、それを自分で選択していくということです。悪い感情を残すと、そこでまた因縁が生まれてしまい、また来世に持ち越し、ということになります。
悪縁だから悪い、ということではなくて、それも必要だから出会っているということ、やるべきことがあるから出会っているということ、そして**それを良縁として終わらせることも自分次第でできる**ということです。

良縁であっても悪縁であっても、誰しも「縁」はあります。縁のない人はいません。
そして、縁のある人とは、自動的に出会います。
これも、流れに委ねていればそうなるのです。
そして悪縁の場合は、その人と出会う目的が達成された後は、何かしら「そっちじゃないよー」というサインが出たり、そちらへ行こうとしても行けない何かが起こります。
良縁のほうは「そっちじゃないよー」ということが起こりません。
逆に、「そっちだよ」と言われているとしか思えないような何かが起こったりするのです。
そのあたりをよく観察して、サインや流れに従うことが大事です。

自分の心に聞いたり、起こってくる出来事をちゃんと見ていると、悪縁か良縁か、それもわかるのです。
そして縁も無理やりつくれるものではないので、流れを信頼して、委ねましょう。

CHAPTER 3

BE FREE FROM EGO

今ここを生きる

例えばゴルフでボールを打つ時、もし、翌日の会議のことを心配していたらどうなるでしょうか？
ほとんどの場合、その打球は良い軌道は描かず、あらぬ方向へ飛んでいくでしょう。

また、夕食をつくっている時、その日にあった嫌な出来事をずっと考えながらつくっていたらどうなるでしょうか？
そうしたらほとんどの場合、美味しいものは出来上がらないでしょう。

今年は東京でオリンピックがありましたが、ボクシングの選手が、目の前の相手以外のことを考えているでしょうか？
水泳の選手が、泳ぐこと以外のことを考えているでしょうか？
バレーボールの選手が、ゲーム以外のことを考えているでしょうか？

目の前のこと以外に思考や心を散らさなければ、そこに不安も迷いもありません。

そして**今ここに集中している時こそ、あなたが「すべて」と一体化している時であり、あなたがもっともあなたらしさを発揮できる時**でもあります。

目の前のこと、今やっていること以外に思考や心を散らさない、そういった状態をつくるために、以下のようなことを日頃からやってみることがおすすめです。

・瞑想する
・読書する
・写経する
・出入りする空気を意識して深呼吸をする
・スポーツをする、体を動かす
・味わいながら食べる
・お風呂でただリラックスする

変わりどころでは、簡単で単純な携帯のゲームをする、というようなこともおすすめです。できる人は、編み物をするとか、絵や文章を書く、というようなこともいいですね。

何かに没頭している時間というのは、まるで時が一瞬で過ぎ去ってしまったかのように感じる経験をしたことのある人も多いでしょう。その時、個の自分がやっているという感覚はないはずです。
無我夢中という言葉がありますが、その時、まさに個の自分という我がなくなっているのです。あなたは「空」である本当の自分と一体化しているのです。

CHAPTER 3

BE FREE FROM EGO

夢から覚めると どうなるのか?

この世界が仮想現実であり、夢のようなものであり、個である自分はその世界を生きるためのキャラクターだとわかったとしても、そのキャラクターである自分で、この人生を生きていかなくてはいけません。(肉体の死を迎えるまでは)そこから抜けることはできないのです。

では、すべては「空」だと、この世界は仮想現実だと、自分はキャラクターだと、それがわかったからといってどうなるのでしょうか?
自分がなくなってしまうことなんて嫌だし、この世界は夢だなんて思いたくないから、そんなことわからなくていい、と思う人もいるかもしれないですね。わかったからって何なの?と思う人もいるでしょう。

でも、考えてみてください。
もしあなたが今夜眠っている時に夢を見たとして、夢の中で、「今、夢を見ている」とわかったとします。
そうしたら、どうしますか?
夢だったら、何でもしてみよう、好きなことをしてみよう、好きなところに行って、好きな人に会ってみよう、話してみよう、と思いませんか?　恐れなんてなくなりませんか?

自我をなくす、ということは、恐れがなくなることでもあるということはお伝えしましたが、つまり、**この世界が夢だとわかった時、本当**

の自由が訪れるのです。
本当に、自分のしたいことができるようになるのです。
通常は、「こうでなくてはいけない」「こうしなければならない」「よりよく生きたい」「よりよく見られたい」など、見えない枠に縛られて生きている人が多いと思います。
しかし、本当に、この世界は夢なんだとわかると、そのような枠や縛りも幻想だとわかります。
どのように生きたって、夢なのだから自由です。夢の中で何が起こったとしても、「本当の自分」には何の影響もないわけですから。

この世界が夢だとわかった、そうしたら、あとやることといったら**「自分の思う通りに好きに生きる」しかなくなる**のです。
みんなが好きに生きたら、秩序のない混乱した世の中になってしまうのでは、と思うかもしれませんが、「自分が全体である」と目覚めた上で好きに生きるということは、他人も自分だと理解している状態なので、わがままや傍若無人、人を傷つけても自分を貫く、というような意味にはなりません。自分の人生を受け入れ、ただ、心からやりたいこと、心に湧き上がってくることに素直に生きるということです。

そのように「好きに生きている」という状態、「自然体で生きている」という状態、それが、私たちみんなが求めていることではないでしょうか？
そして、それが自我から解放されているという状態です。
そのためには、この世界は夢だと知ることが大事になってくる、ということなのです。
そして、自我から解放されてこそ、本当の自分とは何かを理解することができるのです。

CHAPTER 3

BE FREE FROM EGO

不足のない生き方

あなたが一人の人間という個ではなく、「空」でありすべてなのだ、無であり無限なのだ、というところに行き着くと、**自分自身に不足しているものは何もない**ということがわかります。

だって、あなたはすべてなのだから。
目に見えるものも、見えないものも、宇宙のすべてが自分なのだから。
そして、あなたは、完全なのだから。
あなたの中にすべてがあるのだから。

このことを理解するのとしないのとでは、個人としての人生を生きる上でも大きな違いが生まれます。
不足感を埋めようと、不安を埋めようと、不満を解消しようと何かをするのと、すべてが満たされた上で（ただそうしたいから）何かしようとするのとでは、全く同じことをしたとしても、全然違う結果を引き寄せます。
違うパラレルワールドを選択することになるのです。
なぜなら、あなたの心の在り方によって、あなたは見る現実を選択しているからです。

そして、**現状ほとんどの人が不足感を持って生きているのはなぜかというと、それは、本当の自分と個の自分が切り離された状態になって**

しまっているからです。

キリスト教やユダヤ教には、原罪という考え方があります。これは、宗派によってもその解釈はさまざまですが、『旧約聖書』において、アダムとイブが禁じられていた知恵の木の実をとって食べた罪と言われています。
アダムとイブは、知恵の木の実を食べることにより、「恥」の感覚が生まれ、そして必ず死ぬことになりますが、これが、「すべて」である自分から肉体を持つ個人が生まれたということ（だから死が生まれた）、そして、それにより自我が生まれた（だから恐れや恥が生まれた）ということだと思います。
そして**原罪とは、すべてである自分から切り離されていることに対して人間が抱く孤立感や不足感のこと**ではないかと私は思います。

あなたが自分はすべてであり完全なのだ、ということがわかるには、自分が個人だという意識のままでは、そこにたどり着くことはできません。

そこで、まずは自我を解放する必要があるのです。
そうすれば、あなたは不足感からも解放され、満たされて生きていけるようになるのです。

「自分はすべてなのだから、なんの不足もないんだ」ということが本当にわかるようになると、それが現実に現れてくるので、なんの不足もない満たされた人生が展開されるということになります。
これはある意味、**引き寄せの最終形**とも言えます。

CHAPTER 3
—
BE FREE FROM EGO

安心しかない生き方

第２章で、自分の思考も、嗜好（好きなもの）も、選んでいるわけではなくて、湧き出てくるものだということをお伝えしました。

たしかに、自分のものと思えるような思考も、それは湧き出ているだけ。
そして、私たちは、自分の好きなものさえ、自分のやりたいことさえ選べないのです。
もし、好きなものを選べるのなら、どんなものでも人でも好きになれるはずですが、嫌いなものを好きになることはできません。

そして、好きなものは好きだから好きなのであって、そこに理由はなく、最初からそうなのです（理由を考えて探して後から当てはめることはできるかもしれませんが）。
そして、やりたいことも最初から決まっていて（それは一つではなくて時期によって変わるということはあれど）、やりたくないことをやりたいと思うようにはなれないわけです。
全部最初からあなたに備わっているものですし、湧き出てくるもので、選んでいるわけではありません。

しかし、湧き出てくる思考や意思、それらを湧き出させている側も、受け取っている側も自分なのです。
つまり、**「自分」が「自分」にそもそも設定していることや、「自分」が「自**

分」に望んでいることがあるということ。

たしかに、「個人」には自由意志はないし、選択の責任はない。
でも、本当の自分は「個人」ではない。
あなたこそが「全体」であり、「自由意志そのもの」なのです。
そして、湧き出てくるものは、自分の中からだけではなく、外側も同じです。
人間から見て外側も、本当の自分の内側です。
起こってくることも、自分の中から湧き出ていることなのです。
自分の中がよくわからない人というのは多いですが、起こってくることを見たら一目瞭然です。

だから、自分の中から湧き出てくることを見つめつつも、起こってくることもちゃんと眺め、その流れに身を委ねる。
そうすると、「自分」が「自分」に望んでいることが、わかるようになってきます。
「自分」が「自分」に望んでいること＝魂の設定とプログラムです。

そして、その流れに身を委ねていると、なんだかんだでちゃんと導かれ、「自分」が「自分」に望んでいることが全うできるのです。
その流れに乗ると、人生はスムーズです。
(嫌なことが一切起こらないというわけではありませんが、前に進めない感覚とか、何かが立ちはだかって身動きがとれなくなるというようなことにはならないということです)
こういった流れや導きが全くきていない人、というのは本当にいません。
起こってくることや、他人の言動の中にヒントが満載です。

私自身も、もちろん迷うことはあります。
そんな時は、自分で無理やり決めることはせず、流れに沿うほう、自然と流れる方向へ、ただ、自分を委ねます。

というのも、個人の頭でわかることには限界があって、いつも、自分の思ってもみない方向から事が起こったり、思ってもみないところへと自分が運ばれたり。そうした経験をたくさんしたので、流れに任せていればいいんだ、ということを身をもって知っているのです。
うまくいくことはそのまま進めるし、うまくいかないことは無理にやろうとしません。

今、うまくいかなくても、それが必要なことだったら、時期がきたらそうなると信頼していますし、実のところは、うまくいっていないわけではないのです。
自分の好きなことややりたいこと（湧き上がってくること）は確認しますが、それだけです。
自分の行き先をコントロールしようとせず、それが湧き上がるままに任せるのです。

自分が本当にやりたいことなら、それは必ず現実に現れてきます。
ですので、考えて決めたゴールに向かわせようとするのではなく、今の心と今の流れをただ乗りこなす、それが自分をどこに連れていってくれるのかは知らない、そんな感じで毎日を過ごしてみましょう。

今、あなたは流れるプールの中にいて、それを楽しんでいたら、ちゃんとたどり着くべきところに連れていってもらえるのです。
このように、**「常に導きはきている」「流れに委ねたらいいんだ」**と思

えたら、そこには安心しかないでしょう。

これが**絶対安心の境地**です。
そしてこの絶対安心の境地へも、「自分は全体なのだ」という理解なしに到達することはできません。

そしてその安心こそが、誰もがもっとも求めていることではないでしょうか？

もし、「この願いが叶いますか？」と聞かれたとしても、その答えは私は持っておらず、あなたが本当に望んでいるなら叶うよ、としか言えません。
しかし、「絶対幸せになれますか？　絶対安心の世界で生きていけますか？」と聞かれたら、それはできるよ、と答えられるのです。

CHAPTER 4

宇宙が生まれた秘密

THE SECRET OF THE UNIVERSE

「空」からどうして
宇宙が生まれたのでしょうか？
「空」であるあなたは、
どうして人間になったのでしょうか？
あなたは、
何のために生きているのでしょうか？

CHAPTER 4

THE SECRET OF THE UNIVERSE

どうして この夢が生まれたのか？

すべては「空(くう)」だ、そしてそれは自分だということがわかったとして、では、なぜ空である自分がわざわざこんな壮大な宇宙をつくったのか、一人の人間の視点に入り込み、壮大なドラマを演じているのか、壮大な夢を見ているのか？という疑問が出てくるかもしれません。
科学でわかるのは、すべては「真空」だというところまで。では、どうしてこの宇宙が生まれたのか、どうして最初の振動が生まれたのかということは現在の科学ではわかっていません。
それを教えてくれるのが、仏典や聖典です。本当のあなたの姿や、この世界の仕組みは隠された秘密ではなく、何千年もの昔から、伝えられてきているのです。
特に、仏教の経典にはそれが詳しく書かれています。例えば、『般若心経』はすべては空であること、すべて存在するものには実体がないことを教えてくれますし、『法華経』は、空であるあなたがどうして、そしてどのようにしてこの3次元世界に肉体を持って生きているのかということを教えてくれます。アインシュタインは、「現代科学に欠けているものを埋め合わせてくれる宗教があるとすれば、それは仏教です」という言葉を残しているほどです。

そもそも、何もないという状態であるあなた、真空であるあなた、空であるあなたという状態は、何もないがゆえに、何も知ることも、見ることも、聞くことも、感じることも、嗅ぐことも、触ることもできませんでした。だから、自分とは何か、全くわからないという状態だったのです。ですので、自然と「自分とは何か？」「自分を知りたい」という思いはそこに生まれました。
その「自分を知りたい」という意思、それこそが「本当のあなた」なのです。あなたはただただ、自分のことが知りたかったのです。

そこであなたは、自分自身を見える状態にするために時間と空間をつくり、その中に入り込んで内側から自分を眺めることにしました。
自分自身に入り込んで自分を見るために、時間と空間と人間とその他すべてのものをつくったのです。
そのうちの一人の人間があなたです。
自分の中にすべてがあり、自分の中に宇宙があり、今、その中のひとつの視点に入り込んで、内側から宇宙を見ているのです。

結局のところ、この宇宙すべてをつくり出しているのはあなたであり、あなたは宇宙そのものです。
真空に振動が起こり、そこから粒子が発生して宇宙が生まれたということをお伝えしましたが、この意思の真空に振動を引き起こしたもの、それが、他でもない「あなた」なのです。
あなたが発したエネルギー、あなたの「自分を知りたい」というエネルギーが宇宙を生み出しているのです。
ビッグバンを起こしたのはあなただということですし、重力を生み出しているのもあなただということです。

自分自身を知る。そのためだけに、何もない無から、これほどまでに壮大な宇宙をつくり出した存在、それがあなたなのです。
そしてそれが、この壮大な夢が生まれた理由なのです。

CHAPTER 4

THE SECRET OF THE UNIVERSE

自分を知る旅

私たちは、「自分を知る」という旅に出ているのです。
そして、その旅には、いくつかの段階があります。

「自分を知りたい」というただその思いを持った意識体である私たちが地球に肉体を持って生まれた時、まずは赤ちゃんとして生まれてきて、そして成長して自分と他人を認識するようになると、自分とは一人の人間であり、外側の世界とは切り離された存在だというところ、大抵の人はその状態から始まります。
そこから、人間社会でいかによく生きていくか、とか、いかにたくさんのものを手に入れるか、ということを目指すケースがほとんどだと思うのですが、これが最初の段階です。

この本を読んでくださっている方は、スピリチュアル的なことに興味を持っている人が多いと思うのですが、自分というのは肉体だけの存在ではない、とか、自分の心の在り方が現実に反映しているのだ、ということがなんとなくでもわかってきたあたりで、自分と目に見えている現実は繋がっているんだな、という認識になってきたのではないでしょうか。そして同時に、世間でいうところの幸せが必ずしも自分にとっての幸せではないということもわかってきます。

そこで、自分に対する認識が、今までとは多少、変わってきます。

「現実と自分は切り離された個別の存在」という認識から、「自分は現実に影響を与えている」という認識へ。
そんなふうに、自分とは何か？という認識も変わってくるということは、段階も変わってくるということです。
そして、その段階をのぼっていくのが私たちの目的なのです。

その先はどうなっていくかというと、私自身の経験になりますが、自分と世界の関係を理解し、そして自分＝世界という認識を持ち、それが本当に当たり前になって自分に落とし込まれたその先には……。

自分がすべてなのだ
すべては自分の中で起こっているのだ
自分の中に宇宙があるのだ
自分とは、無であり無限なのだ
そして、本当の自分とは「空」なのだ

このような気づきが、仏典を読んだことをきっかけに、自然発生的に訪れました。
その時は、「すべてを思い出した」、そして、自分が果てしなく拡張したというような感覚でした。
自分という認識がこのように変わること、これがその次の段階になります。

「空」である自分にたどり着くこと。
それが、この「自分を知る旅」の最初のゴールです。
しかし、ゴールにたどり着いたら終わりではなく、あなたは永遠なのです。

肉体が果てる時がきても、あなたという存在には終わりはありません。永遠に、「自分を知りたい」という思いから、自分を知るための世界をつくり続けるのです。

自分というのは、どこまで行っても、「自分を知りたい」という認識作用なのです。
それ以外ないのです。
だから、「本当の自分を知ること」は、すべての人に共通する願いなのです。

そのために、本当は何もないところに、こんな壮大な宇宙をつくったのがあなたで、そんな自分とは何かを知るための旅がずっと続くのです。

CHAPTER 4

THE SECRET OF THE UNIVERSE

地球は どこにも向かっていない

あなたの「自分を知りたい」という思いから生まれた宇宙。
地球もその宇宙に存在する惑星のうちのひとつです。

スピリチュアルの世界では、「地球を愛の星に」「闇を排除して光の星に」というようなことがよく言われます。
そして、私たちも、地球も、愛に向かって進化しなければいけない存在のように思うかもしれません。

しかし、私たちの本性というのは、ただ「自分を知りたい」というエネルギーです。
それに向かっているのであって、それ以外には向かっていません。
そして、愛に向かわなくてはいけないのではなく、そもそもそのエネルギーこそが愛なのです。

地球をより良い星にしなくてはいけないと思うかもしれませんが、それは不可能です。
この世界は、二元性の世界であり、良いも悪いも、永遠にあり続けるからです。
光があるから闇があると同時に、闇があるから光があります。

そして、それで完全なのです。

あなたは「すべて」なのですから、光か闇か一方ということはなく、両方を内包するものなのです。
何も変える必要はなく、そのままで完全なのです。

そして、そもそもあなたも含め、すべては「空」であるため、本当は何も起こっていないし、何も始まっていないし、何も終わっていないし、何も進化していないのです。
すべては「真空」の中にデータとして存在していますが、何も起こってはいません。
そして、そのデータの中から何を再生させるか、それはあなた次第です。
何か「しなければいけない」ことはありません。
その完全な自由の中であなたは何をしますか？
あなたが、もし、地球を今よりもっと良い星にしたい、そう思って行動するのも、もちろん自由なのです。

CHAPTER 4

THE SECRET OF THE UNIVERSE

永遠に続く宇宙

「自分を知りたい」というそのエネルギーで、あなたはあなた自身から宇宙を生み出しました。

そして、「自分って何？」という自分自身の質問に対する答えを見つけるため、気の遠くなるほどの長い時間、自分がつくり出した宇宙の中で輪廻転生を繰り返してきました。
その輪廻の旅で、行き着く先は「自分とは『空』である」「自分とはすべてである」という真実なのです。
しかし、もしそこへ行き着き、すべてを知ってしまうと、あなたは空に戻ってしまいます。
つまり、最初の何もない状態になってしまうのです。
そうするとこの宇宙は終わってしまうということです。

しかし、あなたの本質とは、「自分を知りたい」というエネルギーなので、終わってしまうわけにはいきませんし、終わってしまうということは不可能なのです。
常に「知りたい」という状態が必要だということです。

そこであなたは、自分のことを知らない人をもつくり出しました。
そして、その自分のことを知らない人も、そもそも「自分を知りたい」というエネルギーを持っているため、自分のことを知ろうとします。

自分とは何かを知らない人は、自分とは何かを知っている人に教えを請おうとしますし、自分とは何かを知っている人は、自分とは何かを知らない人に教え始めます。

自分とは何かを知らない人を生み出して、それを伝えていく。
自分とは何かを知っている人も、自分とは何かを知らない人も、結局は自分なので、それは自作自演とも言えますが、それが、永遠に繰り返されています。
そうすることにより、宇宙が消えないように、宇宙が永遠に続くようになっているのです。

本当の自分とはこのドラマやゲームをつくっているものであり、すべてです。
そして、その**本当のあなたの望んでいることは、自分を知ることであり、そのためのドラマの創造、つまり、宇宙の創造と拡大と永続**なのです。

この世界は夢だというと、だとしたら生きる意味がないのではないかと思う人もいるかもしれません。
これが現実だと思い、意味があると思って生きてきたのに、それがドラマだとは思いたくない人もいるかもしれません。

しかし、意味がないわけではありません。
自分自身を知るということ、そしてこの宇宙の永続という、その目的があるからです。

CHAPTER 4

THE SECRET OF THE UNIVERSE

夢から覚めたくない

本書を通じて、本当の自分について、そして、この世界は夢のようなものであるということについてお伝えしてきました。
もしかすると、この世界が夢なんて嫌だ、夢から覚めたくない、という人もいるかもしれません。

しかし、この本を読んでいる、ということは、そう遠くない未来（今世か来世かその次かわかりませんが）で、本当にこの世界は夢だとわかる体験や何かが訪れるはずです。
今、「この世界は夢」という情報に触れているということは、未来の並行世界（パラレルワールド）で、そのことがわかってしまっている自分もいる、ということだからです。

そして夢だとわかっていても、夢の中を生きていかなくてはなりませんが、夢だとわかった上で、安心して気楽に生きていくのと、夢に翻弄されて生きていくのとでは違いますよね。
この世界が自分のつくっている夢だとわかったら、自分を苦しめる執着もなくなりますし、神を崇めたり恐れたりすることもなくなります。
真実に目覚めれば、あなた自身が、とてもラクになることができるのです。

目覚めたくない、目覚めなければいけないの？　そのように思う人がいるのもよくわかります。
自我を解放する、というのはとても怖いことでもありますから。

もちろん、今すぐ無理に目覚めなくてもいいのですが（物事にはタイミングがありますから）、いずれはそうなります。
なぜなら、「すべてとしての私」というのは、ただ、「自分が知りたい」とだけ思っているからです。
自分を知りたいという認識作用＝空＝あなた＝宇宙のすべて、です。
ですので、空である自分を知る、というところに、いずれは誰でも行き着くのです。

このことを、ここではっきりとお伝えして、この本の締めとしたいと思います。

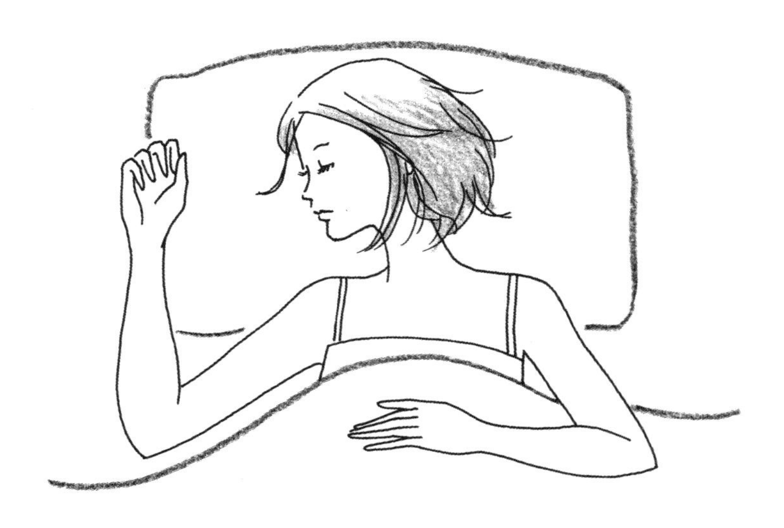

本当のあなたに目覚めますか？
夢を見たまま生きますか？

参考文献

『量子とはなんだろう 宇宙を支配する究極のしくみ』 松浦荘／著 講談社
『真空のからくり』 山田克哉／著 講談社
『シュレディンガーの猫がいっぱい「多世界解釈」がひらく量子力学の新しい
世界観』 和田純夫／著 河出書房新社
『量子力学が語る世界像―重なり合う複数の過去と未来』 和田純夫／著 講談社
『アインシュタインと相対性理論 時間と空間の常識をくつがえした科学者』
大森充香／訳 丸善出版
『精神革命―資本主義の次に来る世界』 小宮光二／著 ピースオブライフ出版
『文系でもよくわかる 世界の仕組みを物理学で知る』 松原隆彦／著 山と渓谷社
『哲学的な何か、あと科学とか』 飲茶／著 二見書房
『般若心経・金剛般若経』 中村元／訳、紀野一義 ／訳 岩波文庫
『法華経〈上〉〈中〉〈下〉』 坂本幸男 ／訳、岩本裕／訳 岩波文庫
自由の森学園中学校 数学科課題プリント 出題：松元大地先生
『脳死と臨死体験の記憶』 斎藤忠資 人体科学 11(2), 31-38, 2002 年
『先天性全盲者の臨死体験』 斎藤忠資 人間文化研究 7 123 - 147 1998 年

高橋宏和 | たかはし・ひろかず

一般社団法人イーアイ・アカデミー代表理事。量子力学コーチ。ロンドン大学インペリアルカレッジ物理学科に合格したが、日本へ帰国し慶應義塾大学理工学部に入学。慶應義塾大学大学院に進学し、オックスフォード大学の教授ロジャー・ペンローズ博士の「量子脳理論」をヒントに 量子力学を応用した人工知能プログラムの研究開発を行い、修士課程を修了。卒業後、セキュリティソフトの上場企業であるトレンドマイクロ株式会社に入社。その後、上司からのパワハラ、借金、離婚など紆余曲折を経験。人生を変えるべく原点回帰し、学生時代から学びつづけてきた成功哲学やコーチングを「量子力学」で 解明し、科学的コーチングメソッド量子力学コーチング®を確立。その内容は、LINE @や YouTube などでも配信され、多くの感動を呼んでいる。著書に『あなたの夢を叶えもん～１つの真実に、無限の解釈～』（サンマーク出版）がある。

Amy Okudaira | 奥平亜美衣 | おくだいら・あみい

1977年兵庫県生まれ。お茶の水女子大学卒。
幼少の頃より、自分の考えていることと現実には関係があると感じていたが、2012年に『サラとソロモン』『引き寄せの法則―エイブラハムとの対話』との出会いにより、「引き寄せの法則」を知り、自分と世界との関係を思い出す。当時、ごく普通の会社員だったが、「引き寄せの法則」を知ることにより現実が激変し、2014年に初の著書『「引き寄せ」の教科書』を刊行、ベストセラーとなる。その後も著書は次々にベストセラーとなり、累計部数は85万部を突破。2019年、初の小説および翻訳本上梓。2020年4月、コロナ騒動で自宅に引きこもっている間に、宇宙すべてが自分なのだ、という目覚めがあり、無であり無限である「わたし」を思い出す。

本当の自分を知る本
不安、迷い、執着から解放され、自由自在に生きるたったひとつの方法

2021年 9 月30日　初版第1刷発行
2021年10月26日　初版第2刷発行

著者　Amy Okudaira（奥平亜美衣）
科学解説　高橋宏和
発行者　小川　淳
発行所　SBクリエイティブ株式会社
〒106-0032　東京都港区六本木2-4-5
電話：03-5549-1201（営業部）
装丁　白畠かおり
DTP　アーティザンカンパニー
イラスト　門川洋子
校正　聚珍社
編集担当　小澤由利子（SBクリエイティブ）
印刷・製本　中央精版印刷株式会社

本書をお読みになったご意見・ご感想を
下記URL、またはQRコードよりお寄せください。

https://isbn2.sbcr.jp/09993/

ISBN978-4-8156-0999-3